FIT FOR BUSINESS

W0178337

Ebenfalls bei Fit for Business erschienen:

Kreativ umdenken
ISBN 3-8029-4607-3

Mit Liebe, Lust und Leidenschaft zum Erfolg
ISBN 3-8029-4628-6

Bewusst kreativ
ISBN 3-8029-4590-5

Geschickt kommunizieren
ISBN 3-8029-4621-9

Selbst- und Zeitmanagement
ISBN 3-8029-4532-8

Training zum Erfolg
ISBN 3-8029-4602-2

Zu den Autoren:

Roland R. Geisselhart, Gedächtnis- und Mental-Experte, war bereits 1970 als professioneller Gedächtnistrainer tätig. Er ist damit der Pionier in Sachen Gedächtnis- und Mentaltraining in Deutschland.

Dipl.-Betrw. Oliver Geisselhart ist Gedächtnistrainer des Jahres 2000. Er war 1983, mit 16 Jahren, jüngster Gedächtnistrainer Deutschlands. Sein Spezialgebiet sind praxisgerechte Trainings für Verkaufs- u. Führungskräfte.

Sie trainieren das „Who is who" der europäischen Wirtschaft, sind bekannt durch etliche Presse-, Funk- und Fernsehauftritte und zählen zu den bekanntesten und erfolgreichsten Gedächtnistrainern Europas.

Ihre „Geisselhart-Methode des Gedächtnistrainings" gilt unter Experten als die praxisgerechteste. Das Team Geisselhart trainierte bis heute über 150.000 Personen.

Cordula Kießling schreibt Bücher zum Gedächtnistraining und arbeitet aktiv an der Entstehung weiterer Bücher mit.

Wir freuen uns über Ihr Interesse an diesem Buch. Gerne stellen wir Ihnen zusätzliche Informationen zu diesem Programmsegment zur Verfügung. Bitte sprechen Sie uns an:

E-Mail: walhalla@walhalla.de
http://www.walhalla.de

Roland Geisselhart · Oliver Geisselhart · Cordula Kießling

Power-Tool Gedächtnis

- Die besten Übungen
- Die modernsten Erkenntnisse

FIT FOR BUSINESS

Bibliografische Information Der Deutschen Bibliothek

Die Deutsche Bibliothek verzeichnet diese Publikation in der Deutschen Nationalbibliografie; detaillierte bibliografische Daten sind im Internet über http://dnb.ddb.de abrufbar.

Zitiervorschlag:
Roland Geisselhart, Oliver Geisselhart, Power-Tool Gedächtnis
Fit for Business, Regensburg, Berlin 2003

Die Rechte für das Seminar und die Trainer-Ausbildung mit diesen Methoden liegen beim Roland-Geisselhart-Team Friedrichshafen: www.geisselhart.com

Produktion: Walhalla Fachverlag, 93042 Regensburg
Umschlaggestaltung: Calla Design Gruppe, Regensburg
Druck und Bindung: Westermann Druck Zwickau GmbH
Printed in Germany
ISBN 3-8029-4631-6

Schnellübersicht

Schnellübersicht

Zauberschlüssel zum Gedächtnis

Sie stehen am Beginn einer aufregenden Entdeckungsreise, in eine Landschaft, die Ihnen alltäglich und selbstverständlich vorkommt: Die Entdeckung und effektive Nutzbarmachung Ihres eigenen Denkens ist das unbekannte und oft chaotisch brachliegende Land aller Möglichkeiten.

Gerade im Zeitalter der Informationstechnologien und des noch nicht vollendeten Wissensmanagements können Sie Ihre Denkfähigkeiten völlig neu entwickeln.

Gedächtnistraining ist hier nur der erste Schritt. Konzentration, Willenskraft und Intelligenz, genauso wie das Vorstellungsvermögen, sind Fähigkeiten von nahezu unbegrenzter Kraft und Tragweite. Wenn Sie diese Eigenschaften hervorholen wollen, kann die Reise beginnen.

Auf die Praxis kommt es an

> *„Verachtet nur Vernunft und Wissenschaft,*
> *des Menschen allerhöchste Kraft."*
> Goethe, Faust I

Dieses Buch bietet Ihnen keine Theorie, sondern praxiserprobte Methoden, die die Autoren in ihren Seminaren mit mehr als 150.000 Teilnehmern praktiziert, umgesetzt und in interessanten Einzelfällen oft über Jahrzehnte weiterverfolgt haben. Die daraus erzielten Ergebnisse grenzen bei vielen Teilnehmern ans Phantastische. So werden Sie Schritt für Schritt zu Ihrem inneren kreativen Potenzial geführt und schon nach wenigen Übungen erstaunt sein, welche Möglichkeiten in Ihnen schlummern.

Die Gedächtnismethoden können Sie für jedes Weiterlernen und für jede Prüfung schon nach wenigen Übungsstunden besser nutzen und so Ihr Selbstvertrauen, das durch die schulische Stoff-überforderung oft in die Ecke gedrängt wurde, gerade an diesem Schwachpunkt wieder neu entdecken – spielerisch, ohne Anstrengung, lässig, und mit großen Erfolgserlebnissen von Anfang an.

Der rote Faden im Buch ist ausschließlich der stufenweise Übungs-Aufbau.

Weitere Informationen erhalten Sie unter www.geisselhart.com

Wir wünschen Ihnen viel Erfolg!

Für Issi, meine Schwester

Ein herzliches Dankeschön an alle, die große Abstriche von Ihrem Weihnachtsurlaub gemacht haben, damit das Buch rechtzeitig fertig wurde.

Jennifer Stüppardt, Manuela Bürger, Patrick Hrubesch
Stefan Kießling, Thomas Kießling

Ein herzliches Dankeschön auch an Frau Aurelia Beck für die Mithilfe bei neuen Federzeichnungen sowie an Frau Dr. (Univ. Venedig) Sebastiana Musmeci

Der Weg zum Gedächtnisakrobaten

1

Der Aufbau der Techniken

Das nachfolgende langsam und sehr einfach aufgebaute Gedächtnistraining ist die leichteste und motivierendste Methode, um die am meisten vernachlässigten Gaben des menschlichen Geistes – Phantasie und Vorstellungskraft – wieder neu zu entdecken und gekonnt einzusetzen.

Danach sind Sie motivierter und es fällt Ihnen wesentlich leichter, speziell mit Gedächtnistechniken auch alle anderen weichen Themen (Soft-Skills) spielerisch zu beherrschen, beispielsweise

- besser zuzuhören und Gehörtes leichter zu speichern

- Rhetorik, Argumentation und Kommunikation mit einem besseren Gedächtnis zu praktizieren

- Situationen, Szenen und Probleme zu visualisieren und dadurch leichter zu lösen

- mit Gedächtnis- und Vorstellungskraft Visualisierungen, Sinn-Zusammenhänge, sowie Weit- und Durchblick rascher und vor allem leichter zu erkennen

- durch Visualisierung Schwerpunkte in der Informationsvielfalt des Alltags zu setzen und so sinnvolle Vernetzungen leichter zustande zu bringen

Generell wird das schnell wachsende Wissensmanagement alle Themen, die mehr mit dem Menschen zu tun haben, wieder im neuen Glanz erstrahlen lassen. Dies ist auch dringend notwendig, denn der Mensch lebt weit unter seinen Fähigkeiten, Möglichkeiten und Verbesserungschancen.

Sinn-Ziele im Mental- und Gedächtnistraining

Sie wollen sich einfach durch schnell erlangbare Erfolgserlebnisse im Gedächtnistraining motivieren und Schritt für Schritt Ihren Durchblick im Leben steigern, indem Sie Ihre visuelle Intelligenz und Ihr gesteigertes Unterscheidungsvermögen sowie Ihre schlummernde visuelle Kreativität neu entdecken: Das könnten Ihre Ziele sein (je klarer die Zielvorstellung, desto effektiver das Training):

- Namen und Gesichter mühelos zu speichern und jederzeit schlagfertig wiedergeben zu können

- Argumente immer gleich parat zu haben und so zu jedem Thema bei jeder Verhandlung mit nur 20 Minuten Vorbereitungszeit die souveräne Führung anzustreben

- Produktkenntnisse und beratungstechnische Vorsprünge spielend abzurufen und so brillant zu überzeugen

- Mit geistiger Flexibilität und Schlagfertigkeit eine freie Rede zu halten – ganz ohne Stichwort-Manuskript

- Wenn Sie in Ihrer Rede unterbrochen werden, ohne Zögern nach beendeter Diskussion wieder am richtigen Punkt die genaue Fortsetzung zu finden, ohne lange suchen zu müssen

- Die Fähigkeit zu erlangen, Ihr Erinnerungsvermögen knopfdruckartig mit der Präzision eines Computers zu benutzen, um damit nicht nur Schule, Fortbildung, Prüfungen, Zusatzkenntnisse, Weiter- und Umschulungen, sondern auch viele Situationen des täglichen Lebens besser und nahezu spielend meistern zu können

- Ihre Lehr- und Lernkompetenz derart zu steigern und zu präzisieren, dass Sie der ideale Coach für Schüler, Freunde und Mitarbeiter in jeder beliebigen Lern- oder Lehrsituation sind. Sie starten, wenn Sie einen ruhigen Beruf haben, eine Hobby- oder Zweitkarriere als Lern- und Kreativitätstrainer. Diese bauen Sie schrittweise aus, indem Sie Themen wie Rhetorik, Kommunikation, Dialog-Kompetenz, Verhandlung, Verkauf, aber auch Entspannung, Anti-Stress und psychologische Themen, wie zum Beispiel Menschenkenntnis hinzufügen. Die Beherrschung dieser Themen fällt mit Gedächtnistraining wesentlich leichter.

Das Entdecken neuer Fähigkeiten (Skills) mit Gedächtnis- und Visualisierungstechniken macht Ihnen Spaß und hebt Ihr Selbstwertgefühl gewaltig, so dass Sie sich zunehmend in der Lage fühlen, nicht nur Ihr Leben, sondern mit Tipps und praktischen Kniffen auch das Leben von Personen in Ihrem Umfeld zu optimieren. So werden Sie in kleinen Schritten zum Talenttrainer und Fähigkeitsberater.

Die Geheimnisse
der Könner

2

Positives Denken beflügelt

Nutzen Sie jede Gelegenheit, um Ihr positives Denken zu verbessern. Auch wenn Sie schon eine positive Einstellung haben, kann diese immer noch positiver werden. Dies hilft dabei, aus Feinden Freunde, aus Schwierigkeiten Chancen und aus Kleinem Großes zu machen.

Nach C. G. Jung ist unser wachbewusstes Denken nur die Spitze des Eisbergs. Erfahrungen, Erinnerungen und Ihre Träume bei Nacht haben einen weitaus größeren Einfluss auf die Erfolge des Tagesgeschehens, als uns im Allgemeinen bewusst ist – deswegen sollten Sie in Ihrem Unterbewusstsein immer mehr positive Bilder und Erlebnisse speichern als negative.

Das Unterbewusste positiv beeinflussen

Verlieren Sie nicht zu viel Zeit mit negativen Nachrichten, Meldungen und zweitklassiger Literatur, sondern beleben Sie alle Erfolgserlebnisse, positiven Verkaufsabschlüsse und alles privat Erfreuliche, um Ihre Persönlichkeitsstruktur mit angenehmen Schwingungen zu durchtränken.

Wichtig: Je mehr Platz Sie positiven Eindrücken geben, desto mehr Zeit und Raum entziehen Sie negativen Erinnerungen: So programmieren Sie sich zuverlässig auf Erfolg.

Die beste Zeit, um Ihr Unterbewusstsein mit positiven Eindrücken zu imprägnieren, ist fünf bis zehn Minuten vor dem Einschlafen und dieselbe Zeit unmittelbar nach dem Erwachen.

Sicherheit gewinnen

Suchen Sie sich Zielbilder, die Sie kraft Ihrer positiven Gedanken mit geistiger Energie laden. Versuchen Sie dann, Ihre Ziele mit allen fünf Sinnen zu erfassen und zu konkretisieren. So bekommen Sie das nötige Gefühl der Sicherheit, um Ihre Ziele verwirklichen zu können.

Geistige Arbeitstechniken

Die folgenden Techniken sollen den „Grundstein" für effektive Arbeit und Persönlichkeitsentwicklung legen.

- Verwenden Sie Merkzettel zur Einübung wichtiger Punkte wie zum Beispiel Erfolgreiches verstärken, Zielbilder erschaffen und über betriebliche Prioritäten kommunizieren.

- Entwickeln Sie Ihre höheren und feineren Fähigkeiten. Der Träger der ungenutzten Talente ist der Gedanke.

- Achten Sie auf Ihre geistige Wellenlänge, und womit Sie Ihre Gedanken nähren. Tauschen Sie Illustrierte, zu viel Fernsehen und zweitklassige Literatur gegen Erfolgsliteratur und Literatur über Positives Denken aus (etwa die Bücher im Literaturverzeichnis).

- Unterscheiden Sie täglich Wichtiges und Unwichtiges. Legen Sie in das Wichtige gedanklich mehr Absicht hinein und verbessern Sie ständig Ihre Einstellung in diese Richtung: Diese Einstellung ist ausschlaggebend für den raschen Erfolg unseres Tuns.

- Damit Ihnen das Geplante gelingt, ist die Auswertung Ihres Einflusses auf andere Menschen in der Umgebung wichtig.

- Denken heißt Erschaffen. Gedanken sind Urbilder, die sich verwirklichen. Gedanken, die sich schneller realisieren sollen, brauchen wir uns nur bildlich vorzustellen, und wir haben den Realisierungsprozess beschleunigt.

- Jeder positive Entschluss intensiviert unsere Geisteskräfte erheblich.

- Jeder Gedanke wird Wirklichkeit. Denkgewohnheiten graben sich tief in das Antlitz ein. Jeder Mensch entscheidet in jeder Minute selbst darüber, mit welchen Gedankenströmen, positiven oder negativen, er sich beschäftigt und auf sich und andere einwirken will.

- Der Mensch, der mehr in Bildern denkt, „baut" sich seine Welt selber. Er leitet so seine täglichen Aufmerksamkeiten direkt auf wesentliche Punkte. Seine Vorstellungskraft sammelt die Konzentration in geordneten Zielbildern. Diese Vorplanung führt dahin, dass wir das Bildhafte leichter und wirksamer tun können.

- Je mehr wir uns unserer Gedankenkräfte bewusst werden, desto intensiver lernen wir, diese einzusetzen.

- Durch Bilder verwirklicht sich jeder Gedankenvorgang. Das Denken besteht aus einer Reihe fortschreitender Bilder, welche zusammen zu einer Handlung führen können. Der Gedanke ist also die erste Tat.

Während Sie sich innerlich entfalten, wollen wir uns gleichzeitig mit der äußeren Umsetzung beschäftigen.

Sprachkenntnisse und „Genie-Eigenschaften"

Ob es um Ihre ständig zunehmenden Sprachkenntnisse oder Ihre – bei aller Bescheidenheit und allem Realitätssinn – langsam anwachsenden „Genie-Eigenschaften" geht, in beiden Fällen ist die „Praxis" oft einfach der nächste Mensch, mit dem Sie sprechen.

Wichtig: Der Grund, warum einigen Schülern das Lernen von Vokabeln und anderen Fächern und Fakten leicht fällt, liegt oft in der bisherigen Entwicklung der Geisteskräfte ihrer Persönlichkeitsstruktur, ihrem Interesse, der inneren Einstellung zu Lernfortschritten, der positiven Umgebung und der Gestaltung des eigenen Tagesplanes begründet.

> **Praxis-Tipp:**
>
> Machen Sie sich bewusst, dass alle zusätzlich in diesem Buch gelehrten Faktoren das Lernen motivierend unterstützen, die Sinnfragen verbessern und die wichtigste Voraussetzung, die innere Einstellung zum Lernen und Leben, entwickeln helfen. Sie sind unverzichtbar! Oft bringt erst zweimaliges Lesen des Buches die richtige „Verdauung" und Vertiefung, und so das richtige Verständnis.

Diesen Tipp zu beherzigen, ist für Ihre persönlichen Fortschritte essenziell, denn: Verstehen ist wichtiger als Lernen.

Die leichtesten Übungen

Wenn Sie einen Ball weit werfen wollen, so holen Sie weit in die entgegengesetzte Richtung aus. Wir betonen die entgegengesetzte Richtung, weil wir Ihnen jetzt einige leichte Vorübungen und etwas unterstützende Theorien zeigen und Sie bitten, sich mit der praktischen Umsetzung noch ein wenig zu gedulden.

Ihr selbst gelenktes Vorstellungsvermögen

Die praktische Umsetzung wächst mit dem Trainingsfortschritt. Entspannen Sie sich, suchen Sie einen ruhigen und ungestörten Ort auf, bevor Sie weiterlesen, und beginnen Sie mit Ihrer größten Chance: Dies ist Ihr selbst gelenktes Vorstellungsvermögen, die unentdeckte Zauberkraft Ihres Geistes.

So funktioniert das Bilder-Training

Übung: Eine Geschichte bildlich vorstellen

Stellen sie sich ein großes Flugzeug vor. Sehen Sie vor Ihrem inneren Auge ein dickbauchiges Transportflugzeug landen. Es steht auf dem Flughafen, und hinten geht die Klappe auf. Ihr Lieblingsauto fährt auf das Flughafengelände heraus. Welche Farbe hat Ihr Lieblingsauto? Können Sie es hören? Nun gehen Sie zum Kofferraum Ihres Lieblingsautos, öffnen diesen und sehen, dass im Kofferraum ein riesengroßer Vorschlaghammer liegt. Diesen nehmen Sie heraus und tragen ihn bis zum Ende des Flughafengeländes. Dort lassen Sie ihn fallen. Der Hammer fällt auf ein kleines, grünes Reagenzgläschen, eine grüne Flüssigkeit fließt aus und sickert in den Boden. Können Sie sich dies noch konkret vorstellen?

Auch wenn es Ihnen kurios erscheint, nehmen Sie jetzt den Hammer und zerklopfen Sie das restliche Glas zu feinem Glasstaub. Diesen Glasstaub pusten Sie nun in die nächstliegende Steckdose. Können Sie sich das immer noch bildhaft, konkret und wie in der Wirklichkeit vorstellen? Sehen Sie den Glasstaub in beiden Löchern der Steckdose liegen? Wir strapazieren Ihr Vorstellungsvermögen noch ein kleines Stückchen weiter: Wir überschreiten die Realität ein wenig. Nun macht es „Klack", und aus der Steckdose kommen zwei längliche, knusprige Baguettes. Wenn Sie die Baguettes deutlich vor Ihrem geistigen Auge sehen, so wickeln Sie diese jetzt noch in ein Kupferblech und danach in ein Stahlblech. Damit ist die erste leichte Übung beendet.

Halt! Bevor Sie dieses Buch irritiert weglegen, lesen Sie bitte noch eine Minute weiter, und alles wird sich aufklären: Sie haben soeben acht der häufigsten Ausfuhrgüter der Bundesrepublik Deutschland mühelos gelernt und ebenfalls mühelos für eine zehnmal längere Zeit gespeichert, als Sie diese bei normalem Lesen erinnern könnten. Damit ist diese oft gestellte Frage nach dem Langzeitgedächtnis vorerst knapp beantwortet, denn Bilder nehmen mehr Fläche ein als geschriebene Worte.

Beginnen wir mit der Liste der Ausfuhrgüter und denken Sie an:

- Flugzeuge
- Autos
- keine Vorschlaghämmer, sondern Werkzeuge
- keine grünen Reagenzgläschen, sondern Chemieerzeugnisse
- keine Steckdosen, sondern Elektroartikel
- keine Baguettes, sondern einfach Lebensmittel
- Kupferbleche und
- Stahlbleche

Sicher, diese acht Produkte prägen Sie sich mit zweimaligem Durchlesen bei guter geistiger Fitness auch ohne so viele Bildergeschichten ein. Jedoch mit zwanzig Produkten wird es schon schwieriger.

Wir haben beim Vorstellungstraining mit Bildern die lerntechnische Leistungsfähigkeit anfangs weit in den Vordergrund gestellt. Daraus ergeben sich alle staunenswerten Gedächtniswunderleistungen, die Sie im Fernsehen erleben können. Jeder Leser kann diese Gedächtniswunder mit wenigen Übungsstunden ohne Mühe auch erreichen.

Praxis-Tipp:

Darüber hinaus erreichen Sie mit der Bewusstwerdung des Bilderdenkens mehr Durchblick, klareres Handeln, bessere Übersicht aus der Vogelperspektive, und Sie entwickeln durch das Verstehen der Bilder einen Sinn für Zusammenhänge. Denken und Tun können in Harmonie kommen und helfen Ihnen, gezielter zu handeln.

Diese Zusatzergebnisse erkennen Sie erst nach einigen Übungsstunden.

Übung: **Die Einkaufsliste**

Wir wollen Ihre Phantasie nicht überfordern und greifen auf eine weitere, noch leichtere Übung zurück. Sie wollen heute ohne Einkaufsliste losgehen. Folgende Lebensmittel möchten Sie mitbringen:

- einen Liter Milch
- ein Pfund Bananen
- eine Portion Schinkenröllchen
- zwei Kopfsalate
- ein Pfund Tomaten
- eine große Melone
- einen Becher Sahne
- eine Tafel Schokolade

Dies sind nur acht Dinge. Es spielt keine Rolle, wie Sie sich diese acht Dinge einprägen, das Ergebnis zählt. Versuchen Sie es einmal ohne Zeitbeschränkung selbst, blättern Sie dann um und schauen Sie, ob Sie acht Gegenstände zusammenbringen. Oder müssen Sie noch einmal zum Einkaufen gehen? Die Lösung finden Sie auf der übernächsten Seite.

Große Ziele werden sichtbar

Bevor Sie streiken und den Sinn dieser leichten Übungen gewaltig unterschätzen, möchte ich Ihnen mitteilen, dass Sie Ihr Vorstellungsvermögen in wenigen Stunden aus dem Dornröschenschlaf wecken, verdoppeln, verdreifachen, ja sogar versiebenfachen können. Danach wird Lernen traumhaft leicht, sogar gezieltes Träumen wird mit besserer Vorstellungskraft lernbar. Und sichereres Skifahren, wenn Sie das noch dazuhaben möchten. Denn Vorstellungskraft ist universell einsetzbar. Wir stehen jeden Tag vor dem seltsamen Wunder, dass diese Kraft des menschlichen Geistes, die uns Kinder beim Memory-Spiel zeigen, von Erwachsenen gründlich unentdeckt bleibt. Wissen Sie, warum?

Das gehört zu den wenigen Sachen, die wir als Gedächtnistrainer nicht wissen. Die stufenweise Reihenfolge zur praktischen Anwendung Ihrer Vorstellungskraft, die kennen wir dafür ganz genau. Hier ist der erste Schritt als Orientierung.

Vorstellungskraft stufenweise trainieren

Die Reihenfolge der Praxisübertragungen stellt sich wie folgt dar:

- Am leichtesten merken wir uns bildhafte Eindrücke.

- Auch Gegenstände und bekannte Wörter sind noch leicht einprägbar.

- Bei Sätzen merken wir die erste Steigerung des Schwierigkeitsgrades.

- Namen und Gesichter sind eine weitere Steigerung.

- Sich eine nummerierte Folge von Daten zu merken ist nur mit Hilfe von Gedächtnistechniken möglich. Ohne diese haben wir die Grenze der normalen Merkfähigkeit bereits überschritten – das Pauken, Büffeln und oft mühsame Auswendiglernen beginnt.

- Mit der bildhaften Methode können Sie sich sogar Abstraktes merken. Formeln, Zahlen und alle Vokabeln sind durch bildhaftes Gedächtnistraining ebenfalls leicht und in großer Menge lernbar.

Die Lösung der Einkaufsliste

Wir haben uns die Einkaufsgeschichte so vorgestellt:

Die Milch und die Bananen mixen wir zu Bananenmilch. In die Bananenmilch hüpfen zwei Schinkenröllchen, setzen sich den Salat als Kopfschmuck auf und bewerfen sich gegenseitig mit Tomaten. Der Sieger erhält die Melone, auf einer Tafel Schokolade dargereicht und mit Sahne garniert.

Lustig, nicht wahr? Jetzt kommt es nur noch darauf an, dass Sie selber Ihr Vorstellungsvermögen trainieren und flexibler machen, und so eine ungeahnte bildhafte Kreativität erreichen. Die Flexibilität im Bilderdenken verbessert auch Ihre rhetorischen Fähigkeiten, und Sie werden sich immer flüssiger und gezielter ausdrücken können. Das reine Merken ist nur der erste und der leichteste Schritt.

Diese Übung wollen wir jetzt etwas steigern.

Die TV-Sendung „Am laufenden Band" als Bilderkette

Viele Leser können sich vielleicht noch daran erinnern, dass vor einigen Jahren der holländische Showmaster Rudi Carrell eine besondere Gedächtnisübung im Fernsehen veranstaltete. Jeder konnte am Bildschirm mitmachen. Rudi Carrell hatte ein langes Fließband, auf das er etwa 20 aktuelle Gebrauchsgegenstände stellte. Dieses Fließband lief in Zeitlupe vorüber, und die im Studio anwesenden Teilnehmer durften alle Gegenstände, an die sie sich erinnern konnten, mit nach Hause nehmen.

Mit nur wenigen Stunden Gedächtnistraining gelingt Ihnen eine solche Übung natürlich spielend, und Sie könnten zu Rudi Carrell sagen: „Lieber Herr Carrell, wie möchten Sie die 20 Sachen hören – vorwärts, rückwärts oder außerhalb der Reihenfolge?" Kein Problem, denn Sie haben alle Gegenstände bildhaft abgespeichert.

Übung: **Am laufenden Band Gegenstände vorstellen**

Anfangs könnten Sie diese Übung wie folgt ausprobieren; nach einigem Üben geht dies dann immer schneller. Es geht los:

1. Auf dem laufenden Band erscheint als erstes eine Waschmaschine. Gehen Sie sicher, dass Sie für ein paar Minuten Ruhe haben und ungestört sind. Stellen Sie sich die Waschmaschine groß, deutlich und dreidimensional vor Ihrem inneren Auge vor. Können Sie dieses vorgestellte Bild eine halbe Minute aufrechterhalten? Versuchen Sie es.

2. Sehen Sie Farbe und Firmenschild der Waschmaschine. Fühlen Sie sich entspannt.

3. Jetzt zieht die Waschmaschine auf dem Band nach links vorüber, und es kommt auf dem Fließband von rechts ein Toaster. Sehen Sie den Toaster genauso klar und scharf umrissen vor Ihrem inneren Auge. Stellen Sie sich eine möglichst originelle Bildverknüpfung vor: Öffnen Sie die Waschmaschine und stecken Sie den Toaster in die Waschtrommel hinein. Schließen Sie die Maschine wieder und schalten Sie sie an.

4. Jetzt hören Sie zusätzlich Geräusche. Als Nächstes erscheint auf dem Band ein Rasenmäher. Nehmen Sie den Toaster aus der Waschtrommel heraus, binden Sie ihn auf den Rasenmäher, fahren Sie einmal über die Wiese, und jetzt erhalten Sie grüne Toastbrötchen. Jetzt folgt ein Fernseher, den Sie ebenfalls auf den Rasenmäher stellen. Fahren Sie nun fernsehschauend und rasenmähend weiter über die grüne Wiese.

5. Nun erscheint ein Fahrrad auf dem laufenden Band und Sie stellen sich vor, wie Sie mit viel Geschick den Fernseher an die Lenkstange des Fahrrades montieren und das erste Fahrrad mit Fernseher für eine Kunstausstellung haben.

Bleiben Sie dran – Sie erreichen die erste Super-Leistung im Merken – ganz leicht!

6. Danach sehen Sie auf dem Band zwei Schwimmflossen. Stellen Sie sich vor, wie Sie mit den Schwimmflossen an den Füßen am Strand entlang Fahrrad fahren. Das geht sogar in Wirklichkeit.

7. Nun folgt ein Kühlschrank und Sie stellen sich vor, wie Sie mit den nassen und sandigen Schwimmflossen „klapp, klapp" über den Kühlschrank spazieren.

8. Als Nächstes bringt uns das Band zwölf Lexika. Sie versuchen kurioserweise, die zwölf Lexika-Bände in den Kühlschrank zu stellen. Elf Bände passen hinein, der zwölfte Band passt nicht mehr hinein, aber es folgt ein Mixer, und Sie stellen sich vor, wie Sie den zwölften Band zu Papiersalat durchmixen, und jetzt passt er in den Kühlschrank.

9. Danach sehen Sie auf dem laufenden Band einen wunderschönen farbigen Reiseprospekt für eine Reise in die Südsee mit Palmen auf dem Titelbild, und Sie stellen sich vor, wie Sie Ihren Mixer zollfrei mit auf die Reise nehmen und, dort angekommen, spaßeshalber ein paar Palmblätter mixen.

10. Als Nächstes folgt Ihr Lieblingsauto: Dieses parken Sie im Schatten unter der Palme, und den nun folgenden Nerzmantel legen Sie auf den Beifahrersitz, weil es dort so heiß ist.

11. Jetzt sehen Sie auf dem Band eine Krokodilleder-Handtasche. Diese wickeln Sie in den Nerzmantel ein. Es folgt ein Paris-Prospekt mit einer Abbildung des Eiffelturms und einem Gutschein für eine Sprachschule darin, und Sie stellen sich vor, wie Sie aus der Kroko-Tasche den Paris-Prospekt nehmen – oder noch origineller und bildhafter – Sie lassen die Kroko-Tasche vom Eiffelturm herabfallen, direkt in die offene Türe der Sprachschule.

12. Lassen Sie nun das laufende Band weg und testen Sie noch einmal die Intensität Ihres Vorstellungsvermögens. Sehen Sie den Sprachlehrer Jean-Marc im Türrahmen der Sprachschule stehen und merken Sie sich einmal ohne Verknüpfung folgende zusätzliche Punkte. Jean-Marc trägt einen auffallend großen, schwarzen Schnauzbart, eine Rose im Knopfloch, unter dem linken Arm hält er einen Kassettenrecorder, unter dem rechten Arm ein volles Kassettenetui. In der linken Hand hält er einen Schreibblock und in der rechten Hand einen Stift.

Außerdem steht er auf einem roten Perserteppich. Dieser hat weiße Fransen und ist mit zwei gelben Löwen bestickt, welche zwei smaragdgrüne Augen haben.

Nun beginnt Ihr größtes Abenteuer der Phantasie der Superlative: Beginnen Sie bei der Waschmaschine und zählen Sie im Geiste alle Gegenstände wieder auf.

Versuchen Sie die Bilderkette einmal vorwärts und rückwärts aufzusagen (gehen Sie die Verknüpfungen notfalls ein zweites Mal mit mehr Vorstellungskonzentration durch).

Sie werden Ihr in der Schule ramponiertes Selbstwertgefühl wiedererlangen, den Geruch der ersten einfachsten Erfolgserlebnisse schnuppern und Sie werden sich nach den ersten kleinen Leistungen, die noch folgen, wesentlich besser fühlen und ausrufen: „Ich kann es!" Dies ist nur der Anfang zur Weckung Ihres schlummernden Potenzials. Wecken Sie den Könner in sich zur vollen Entfaltung und bitte beachten Sie: Motivation ist alles!

Eine Lanze für die Phantasie

3

Eine Lanze für die Phantasie

Das Grundprinzip, auf dem ich bei meinem Gedächtnistraining aufbaue, ist die Erkenntnis, dass unsere Fähigkeit zum photographischen Gedächtnis in der Kindheit am besten entwickelt ist. Das sehen Sie – wie bereits erwähnt – deutlich daran, dass Kinder beim Memory-Spiel mit den kleinen Bildkärtchen jedem Erwachsenen haushoch überlegen sind.

Die Entdeckung genialer Phantasie

Die Kindheit, in der Ihr bildhaftes Vorstellungsvermögen, Ihre Träume und Phantasien wie in einem Märchenwald feenhaft dahinhuschten, diese verträumte Zeit, war der beste Nährboden für ein nahezu grenzenlos funktionierendes Erinnerungsvermögen.

Kinder denken in Bildern

Bei Kindern ist das abstrakte Denken noch nicht ausgebildet, sie denken in Bildern, lassen sich von Bildern beeindrucken und gefangen nehmen. Darum war damals die Sonne beim Aufstehen am Morgen noch strahlender und der regenbogenfarbene Glanz des Tautropfens verheißungsvoller. Im kindlichen Denken liegt die Heimat unserer Archetypen, jener geheimnisvollen seelischen Urbilder, die C. G. Jung als die „ursprünglichen Gestalter unseres Schicksals" bezeichnet. Hier sind die ersten starken Eindrücke zu finden, die sich aus Märchenszenen und Karl-May-Romanen zusammensetzten.

Wann ist uns diese Fähigkeit zum Denken in Bildern verloren gegangen? Wann fand die Vertreibung aus dem Paradies des kindhaften Denkens statt und wodurch?

www.fit-for-business.de

Der Verlust der Vorstellungskraft

Diese Frage lässt sich leicht beantworten. Wann verliert ein Kind seine überragende Fähigkeit, beim Memory-Spiel immer zu siegen? Das geschieht oft in der Zeit vom achten bis zum vierzehnten Lebensjahr und hängt direkt mit der Erlernung des Alphabets und der Schriftsprache zusammen. Je mehr unser Denken auf die Bedeutung von Buchstaben, Worten und Sätzen gelenkt wird, umso mehr wendet es sich von der Phantasie, der bildhaften Vorstellung ab. Mit dem Denken in der Schriftsprache verlieren Vorstellungskraft und photographisches Gedächtnis automatisch an Bedeutung. Abstrakte Begriffe werden wichtiger als Bilder. Lernen wird zum ersten Mal zur Anstrengung, obwohl es eigentlich ein Kinderspiel sein könnte. Die Anforderungen von außen steigen, der Leistungsdruck wird immer höher. Die Vertreibung aus dem „Paradies" ist vollzogen. Die Gedächtnisfähigkeit nimmt ab.

Es ist jedoch ganz leicht, diese Fähigkeit des bildhaften Denkens wieder zu entwickeln. Sie müssen sich nur in die Zeit vor der „Vertreibung aus dem Paradies" zurückversetzen und Ihre Phantasie wiederentdecken.

Die Phantasie als Entwicklungshelfer

Die Phantasie wird von den Menschen sehr unterschiedlich beurteilt. Erfinder, Künstler, Werbefachleute, Modeschöpfer, Designer und andere Menschen, die mit Hilfe ihrer Phantasie schöne und nützliche Dinge geschaffen haben, achten sie hoch. Andere, weniger kreative Menschen halten sie für unwichtig oder verachten sie. Einige weltfremde Schwärmer, deren Phantasievorstellungen jeglicher realistischer Grundlage entbehren, haben die Phantasie leider sehr in Misskredit gebracht.

Tatsache ist jedoch, dass wir ohne Phantasie immer noch in unseren Steinzeithöhlen sitzen und uns gegenseitig entlausen würden. Phantasie steht am Anfang jeder Entwicklung. Die Welt braucht Leute, die mit Phantasie und Tatkraft ein schöneres und lebenswerteres Dasein für sich und ihre Mitmenschen schaffen.

Die Phantasie auf Erfolge ausrichten

Phantasie reicht allein nicht aus – sie bedarf bewusster Steuerung. Phantasiebilder, die mit Logik gesteuert und in Richtung eines gewünschten Ziels umgestaltet werden, erreichen oft Genialität. Phantasie sollte stets mit gezielter Lenkung und tatsächlicher Anwendung im täglichen Leben einhergehen.

Praxis-Tipp:

Bewusst gesteuerte Phantasie – auf diesem Prinzip beruht meine Gedächtnistrainingsmethode. Einige Trainingsstunden genügen, um Ihre Phantasie wieder zum Leben zu erwecken und für die Anforderungen Ihres Berufs- und Alltagslebens nutzbar zu machen. Wenn Sie Ihr Gedächtnis mit Hilfe „kindlichen", bildhaften Denkens trainieren, werden Sie sich Daten, Fakten, Termine, Namen und Gesichter in beliebiger Menge und Zuordnung bald hervorragend merken können – unabhängig vom Alter. Sie müssen nur innerlich jung bleiben.

Ich habe in meinen Seminaren und Firmenkursen immer wieder festgestellt, dass – von wenigen Ausnahmen abgesehen – das Behalten von Namen und Gesichtern der schwächste Punkt des menschlichen Gedächtnisses ist. Nach meinen Erfahrungen merken wir uns am leichtesten

- Bilder,
- dann Worte,
- als Nächstes Sätze
- und erst als darauf folgende Stufe Namen und Gesichter.

Deswegen ist es am besten, das Gedächtnis- und Konzentrationstraining zunächst mit einigen einfachen, fast kindlichen Grundübungen zu beginnen und, wenn Sie damit Erfolge erzielt haben, mit dem Namens- und Gesichtertraining fortzufahren. Das Wichtigste beim Gedächtnistraining ist, dass Sie langsam und schrittweise an die Sache herangehen.

Der Erfolg liegt an Ihrer Einstellung

Positives Denken ist sehr wichtig für die Erlernung einer solchen Methode.

Wichtig: Vermeiden Sie negative Gedanken wie zum Beispiel: „Ich habe nun mal ein schlechtes Gedächtnis", „Ich kann mir Gesichter einfach nicht vorstellen", „Das funktioniert ja doch nicht", „Es dauert zu lange" usw. Entwickeln Sie stattdessen ganz bewusst eine positive Geisteshaltung, etwa: „Es ist beinahe alles erlernbar", „Ich versuche es einfach", „Ich werde auf alle Fälle etwas daraus lernen", „Selbst kleine Fortschritte ermutigen mich".

Kommunikation fördert das Gedächtnis

Ebenso wichtig ist Kommunikation. Sie werden das perfekte Gedächtnis für Namen, Gesichter und Informationen zur Person wesentlich leichter erwerben, wenn Sie gemeinsam mit einem Partner trainieren. Das gemeinsame Überlegen und Austauschen von Gedanken fördert die eigene Vorstellungsfähigkeit ungemein. Am besten ist es, wenn Ihr Partner sich ungefähr auf dem gleichen Gedächtnisleistungsniveau befindet wie Sie.

Beharrlich und ausdauernd trainieren

Von entscheidender Wichtigkeit ist, dass Sie dieses Training ausdauernd und beharrlich durchführen. Suchen Sie Gelegenheiten zum Üben, wo Sie nur können: Das tägliche Leben wird Ihnen reichlich Möglichkeiten dazu bieten. Haben Sie bitte vor allem am Anfang des Trainings etwas Geduld und seien Sie nicht enttäuscht, wenn zuerst alles noch langsam geht und die Erfolgserlebnisse sich erst nach und nach einstellen. Das ist ganz natürlich. Nach zwei bis drei Stunden werden Ihnen die Übungen schon viel leichter und schneller von der Hand gehen. Die meisten unserer Seminarteilnehmer sind schon nach kurzer Zeit über ihre rasch wachsenden Gedächtnisleistungen überrascht und erfreut.

Das Abenteuer der eigenen Fähigkeiten

Sie lassen sich auf ein Abenteuer ein. Das Abenteuer heißt: die Entdeckung Ihrer eigenen geistigen Fähigkeiten. Es ist immer wieder erstaunlich für mich, festzustellen, wie schon nach wenigen Übungsstunden wunderbar viele Fähigkeiten und Möglichkeiten des photographischen Gedächtnisses erschlossen werden.

> **Praxis-Tipp:**
>
> Vergessen Sie nicht: Dieses Buch ist kein Lesebuch. Sie werden nur dann den gewünschten Erfolg erzielen, wenn Sie von Anfang an jede Übung wirklich mitmachen – sich Zeit nehmen, zum Bleistift greifen und Ihre Ideen aufschreiben.

Viel Spaß beim Üben!

Finden Sie Ihren Lerntyp

4

Welcher Lerntyp sind Sie?

Erkennen Sie auf den folgenden Abbildungen Ihren Lerntyp?

Wenn Sie weniger als drei der genannten Typen-Ansätze bei sich selbst feststellen, empfehle ich Ihnen ein Zusatztraining. Konzentrieren Sie sich einmal einige Wochen ausschließlich auf die Lern-Typen-Bezeichnung, die für Ihr berufliches Fortkommen am wichtigsten ist, und Sie werden sehen, dass Sie mit etwas Lockerheit und Geduld diese Eigenschaften bei sich selbst entfalten und einsetzen können.

Danach wäre ein Entspannungstraining vorteilhaft. Suchen Sie sich die Eigenschaften von dem Lern-Typus, der Sie am meisten inspiriert, begeistert und innerlich anspricht, und entfalten Sie dann zunächst durch visuelles Nachdenken und Vergleichen diese neuen Eigenschaften. So entdecken Sie Ihr innerstes Potenzial. Viel Spaß dabei!

- Der Sofortverdauer behält alles beim ersten Mal abrufbar.

- Der Wiederkäuer muss das Gelernte nochmals in Ruhe durchdenken.

- Der Ausprobierer lernt vorwiegend durch die Praxis, durch Anwendung.

■ Der Umsetzer kann Gelerntes sofort in die Praxis umsetzen.

■ Der Rosinenpicker merkt sich nur das für ihn Wesentliche.

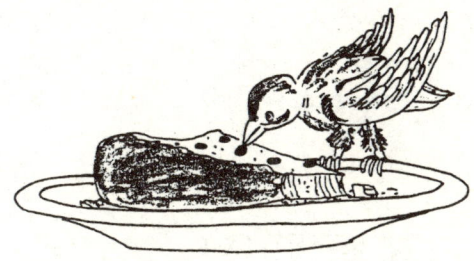

■ Der Kurzmerker hat es nach Stunden oder Tagen vergessen, er muss viel wiederholen und anwenden.

■ Der Langmerker hat ein vielseitiges Interesse, weiß Gelerntes noch nach Jahren.

■ Der Scharfschütze wendet Erlerntes zielgerichtet, eventuell verbessert, sofort an und kann Gewinn bringende Ideen sofort in Geld umsetzen.

- Der Schrotjäger probiert Wissen viele Male aus, bis eine exakte Anwendung stattfindet.

- Der Vergesser will aus irgendeinem Grund nicht lernen.

- Der Sammler häuft Wissen an, geringfügige Anwendung, oft Suche nach einem Weltbild oder Lebensrezept.

- Der Projizierer kann Gesetzmäßigkeiten eines Wissenszweiges auch in anderen Gebieten verwirklichen. Er ist evtl. durch Suchen nach besseren Lösungen auf Wissensaufnahme vorbereitet; er erreicht zuweilen Grenzen zur Genialität, er ist auf Entspannung und Ausgleich angewiesen.

Zweierverknüpfungen

Was man sich vorstellen kann, ist wirklich.

Pablo Picasso

Es ist ein Zeichen von Intelligenz und Einfallsreichtum, wenn Sie zwei Gegenstände auf originelle Art und Weise miteinander verknüpfen, jede Phantasievorstellung ist hier willkommen. Wenn zum Beispiel die beiden Gegenstände Stuhl – Aquarium miteinander verknüpft werden sollen, so stellen Sie nicht einfach nur das Aquarium auf den Stuhl. Dies wäre zu alltäglich und würde sehr schnell wieder vergessen werden.

Besser wäre es, sich mit viel Phantasie und Witz vorzustellen, dass eine ganze Anzahl von Fischen bequem auf Stühlen sitzt, inmitten eines Aquariums. Wenn Sie dies mit einer großen Anzahl von Fischen nicht zustande bringen, dann versuchen Sie es doch mit zwei Fischen. So zum Beispiel:

Sie müssten praktisch anhand jeder Form ein Vorstellungsbild kreieren können:

Finden Sie Ihren Lerntyp

Was das alles mit Vokabeln zu tun hat? Geduld! Ist Ihr Gedächtnis erst richtig trainiert, sind auch Vokabeln ein Kinderspiel.

Übung: **Verknüpfungen von zwei Begriffen herstellen**

Versuchen Sie, selbst ein paar originelle Verknüpfungen mit folgenden Wortpaaren herzustellen (Vokabeln gehören wie gesagt zur Oberstufe des Gedächtnistrainings):

Baum – Latzhose

Hund – Rettich

Kassette – Pfeife

Laterne – Buch

Schnee – Radieschen

Boxer – Pullover

Testen Sie sich, ob Sie zwischen beiden Begriffen bewusst eine plastische Bildverknüpfung hergestellt haben. Setzen Sie immer das fehlende Wort ein:

Stuhl _Aquarium_

Baum _Leiter_

Hund _Pellet_

Kassette _Pfahl_

Laterne _Duell_

Schnee _Rutsche_

Boxer _Pulli_

Zum Vokabellernen

Hier kurz zwei weitere Beispiele zum Lernen von Vokabeln: Das lateinische Wort für liegen heißt cubare. In der Regel merken wir uns pro Silbe ein Bild, also stellen wir uns einfach vor: Eine Kuh liegt auf der Bahre und wird von zwei Sanitätern weggetragen. Wenn Sie sich dieses Bild einmal intensiv mit einer Wiederholung vorgestellt haben, so werden Sie sich ganz sicher bis zum Ende Ihres Lebens leicht daran erinnern, dass liegen auf lateinisch cubare heißt.

Auch Englischvokabeln überhaupt kein Problem. Zum Beispiel heißt Stacheldraht barbed wire. Das Bild ist einfach: Ein junger Mann setzt sich auf dem Barhocker versehentlich auf einen Stacheldraht, springt ins Bett und wiehert (Bar-bed wire).

Diese Vokabel-Lern-Methode ist in dieser Trainingsphase zu fortgeschritten, ja sie wird Ihnen jetzt sogar noch unmöglich erscheinen. Doch nach weiterem Üben wird Unmögliches möglich.

Zweierverknüpfungen mit Partner

Übung: **Verknüpfungsspiel mit Partner**

Die nachfolgenden Kärtchen können Sie kopieren und ausschneiden, und Sie haben ein interessantes Gedächtnisspiel für zwei Personen. Es hat den Vorteil, dass durch das Gespräch mit einem Partner Ihre Verknüpfungsphantasie (und die Ihres Partners) besonders angeregt werden.

Ein Spieler entscheidet sich für die Worte mit dem grauen Hintergrund. Der andere Spieler nimmt auf seinem Kärtchen nur die Worte mit dem weißen Hintergrund. Beim ersten Spiel hat ein Spieler lauter Tiere und der andere lauter Kinderspielzeuge. Jetzt werden Tiere mit Kinderspielzeugen verknüpft. Ihre eigene Verknüpfung hält bei Ihnen besser, lassen Sie sich trotzdem auch einmal die Verknüpfung Ihres Partners sagen, damit Sie neue Anregungen bekommen.

Wenn Sie sich gegenseitig testen, können Sie miteinander vereinbaren, dass jeder immer sagt, was beim Mitspieler auf dem Kärtchen ist. Was auf dem eigenen Kärtchen steht, wird verschwiegen. Das Wort, welches der andere auf seinem Kärtchen hat, können jeweils beide aufgrund der Verknüpfung leicht erraten. Viel Spaß beim Spielen!

Delphin	Adler
Schlittschuhe	Rollschuhe
Taucher	Pilot
Heuwagen	Fahrrad
Zange	Meißel
Grieche	Gallier
Wir erwarten ein FAX	Der Kopierer wird gereinigt
Der Sand ist heiß	Das Sonnenöl klebt
Konzentration	Qualität
Rasen mähen	Schuhe putzen

Reh	Fuchs
Sandformen	Sandeimer
Programmierer	Sängerin
Flugzeug	U-Boot
Wagenheber	Rasenmäher
Chinese	Sizilianerin
Die Bilanz stimmt	Wir machen Überstunden
Die Taucherbrille passt	Der Bademeister schläft
Dynamik	Originalität
Katze füttern	Haus abschließen

Eichhörnchen	Löwe
Taucherbrille	Skier
Bademeister	Tierärztin
Hubschrauber	Straßenbahn
Korkenzieher	Kamm
Schotte	Franzose
Der Umsatz steigt	Der Steuerprüfer kommt
Der Seeigel sticht	Der Opa schnarcht
Umsetzung	Quantität
Den Chef fragen	Oma anrufen

Sie können auch Gedächtnisspiele bei der Firma Ravensburger kaufen. Memory und Saga-Land sind besonders geeignet. 1997 habe ich mit meinem Freund Bernd Haussmann das Think-Spiel „Mega Memory" für die Firma Ravensburger entwickelt.

Dreierkoppelungen

Übung: **Dreierverknüpfungen finden**

Bitte versuchen Sie, Dreierketten mit Begriffen herzustellen, beispielsweise:

Fenster – Papier – Stempel

Ich stemple auf das Papier und hänge es ans Fenster.

Stellen Sie ähnliche Bilder her, die sich Ihnen plastisch, lebendig und mit viel Einfallsreichtum darbieten:

Oma – Salat – Schere

Oma schneidet Salat mit einer Schere

Eisbär – Handy – Leckerbissen

Eisbär telefoniert mit Handy und verlangt Leckerbissen

Brief – Sonnenschein – Fahrrad

Brief fährt mit dem Fahrrad bei Sonnenschein

Sobald die Bilder etwas ausgefallener sind, bleiben sie besser haften, etwa:

Saurier – Brombeerhecke – Trompete

ein Saurier spielt Trompete hinter einer Brombeerhecke

Versuchen Sie, die Dreierkette als Verknüpfungsmethode an ein paar Praxisbeispielen zu üben, vielleicht beim Einkaufen oder auch bei drei Erledigungen:

- den Eimer holen
- eine Ananas kaufen
- den Wasserhahn reparieren

Es genügt vollkommen, die drei Bilder Eimer – Ananas – Wasserhahn miteinander zu verbinden.

Übung: **Mehrere Alltagsgegenstände verknüpfen**

Sie wollen heute Folgendes erledigen:

- den Laptop einpacken
- die Socken wechseln
- Battieren kaufen
- den Schal mitnehmen
- die Schuhe putzen

Witzige Verknüpfung: Den Laptop putze ich mit den Socken, stecke in die Socken die Batterien, binde die Sachen an den Schal. Mit dem anderen Ende des Schals schnüre ich die geputzten Schuhe zusammen.

Übung: **Mit einem Trainer Wortpaare verknüpfen**

Weitere Trainingsmöglichkeiten: Setzen Sie sich einem Trainingspartner gegenüber. Eine Person spielt den Trainer, die andere den Übenden. Der Trainer nennt fünf oder zehn Wortpaare und Satzgegenstände, die Sie möglichst originell miteinander verknüpfen. Dann fragt er den Übenden ab, indem er nur das erste oder nur das zweite Wort des jeweiligen Wortpaares sagt, während der Übende den selbst angeknüpften Begriff sofort nennen kann. Anschließend werden die Rollen gewechselt.

Wichtig: Wer die meisten Wortpaare verknüpfen und wieder nennen kann, hat gewonnen. Das heißt aber noch lange nicht, dass er ein besseres Gedächtnis hat. Er kann eventuell nur auf geschicktere Art und Weise Verknüpfungen herstellen. Und genau das wollen wir erreichen.

Sätze, Vorträge, Texte und Anekdoten in Erinnerung behalten

Ein Mensch mit einem normalen, untrainierten Gedächtnis kann sich durchschnittlich an drei bis fünf einfache Sätze erinnern. Vielleicht schaffen Sie etwas mehr?

Übung: **Die Merkfähigkeit testen**

Testen Sie Ihre Merkfähigkeit: Lesen Sie die folgenden Sätze zwei- bis dreimal durch und versuchen Sie, diese dann wiederzugeben – gedanklich oder besser noch schriftlich, dann haben Sie den Beweis Ihrer momentanen Merkfähigkeit schwarz auf weiß in der Hand. Sie können den Test auch machen, wenn Sie sich gerade in Hochstimmung fühlen; das Lernen geht dann meistens viel müheloser vor sich.

1. Der Affe klettert auf den Baum.

2. Fritzchen gießt seine Blumen.

3. Der rote Regenschirm hat ein Loch.

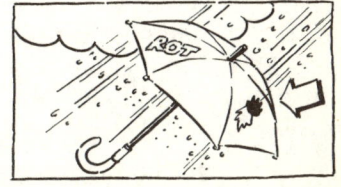

4. Das Nilpferd rast durch den Sumpf.

5. Die Straßenlaterne flackert an und aus.

6. Der Hausmeister schläft vor dem Fernseher ein.

7. Der Supermarkt hat Ausverkauf.

8. Die Kirchturmuhr schlägt 12°° Uhr mittags.

Hier folgen noch einmal die acht Sätze hintereinander:

1. Der Affe klettert auf den Baum.

2. Fritzchen gießt seine Blumen.

3. Der rote Regenschirm hat ein Loch.

4. Das Nilpferd rast durch den Sumpf.

5. Die Straßenlaterne flackert an und aus.

6. Der Hausmeister schläft vor dem Fernseher ein.

7. Der Supermarkt hat Ausverkauf.

8. Die Kirchturmuhr schlägt 12°° Uhr mittags.

Notieren Sie die Sätze möglichst in der richtigen Reihenfolge. Die ersten drei oder vier Sätze dürften Ihnen am leichtesten fallen:

1. _ein Affe klettet auf eine Ban_

2. _Fritchen gießt seine Blumen_

3. _Der rote Schirm hat ein Loch_

4. _das Nilpferd rast durch den Sumpf_

5. _die Stralalterne flackern an und aus_

6. _der Hochheister schleift vor dem Fernseh_

7. _der Supermarkt hat ausverkauf_

8. _der Kirchen schlägt 12°° mittag_

Ochsenkarren versus Jumbo-Jet

Stellen Sie fest, ob Ihnen ein, zwei oder drei der Sätze fehlen. Welche sind es? Merken Sie sich diese fehlenden Sätze noch einmal und wiederholen Sie den Test, um alle acht lückenlos niederzuschreiben. Dies wäre eine normale Gedächtnisschulung, wie Sie sie von der Schule her kennen. Ohne Hilfe fortschrittlicher Imaginationstechniken gleicht diese Lernmethode einem langsamen Ochsenkarren, während wir, mit bildhafter Vorstellung, vergleichsweise in einem Jumbo-Jet reisen. Wir können so auch leichter viel mehr transportieren.

Alpha-Wellen produzieren

Schließen Sie die Augen und entspannen Sie sich, träumen Sie etwas vor sich hin, bis Sie einen angenehmen Entspannungszustand erreicht haben. Jetzt produziert Ihr Gehirn so genannte Alpha-Wellen, wie nach dem Einschlafen oder im Autogenen Training, und Ihre Lern- und Vorstellungsfähigkeit nimmt zu.

Können Sie sich noch einmal das Bild vorstellen, wie ein Affe gerade auf einen Baum klettert? Ein einsekundliches Bild wie bei einem Blitzlichtphoto genügt schon!

Jetzt sehen Sie vor Ihrem inneren Auge kurz ein zweites Bild, nämlich wie Fritzchen die Blumen gießt. Sehen Sie deutlich, wie das Wasser aus der Gießkanne herausströmt und die Blumen tränkt. Als Erinnerungsauslöser genügt uns dieses Bild vollkommen. Auch brauchen Sie sich den Satz nicht wortwörtlich zu merken, sondern nur sinngemäß.

„Der rote Regenschirm hat ein Loch" lässt sich ebenfalls leicht vorstellen, denn jeder hat schon einmal einen roten Regenschirm gesehen. Und wie ein Loch in einem Regenschirm aussieht, weiß sicherlich auch jeder.

Praxis-Tipp:

Es genügt nicht, dass Sie dies nur denken, sondern Sie müssen anfangs kurz die Augen schließen und von dem roten Regenschirm ein echtes Gedankenbild so plastisch und klar wie möglich erschaffen. Wenn Sie sich den Schirm etwas vergrößert und das Loch zerfetzt und zerfranst vorstellen, wird es Ihnen leichter fallen, sich dieses originelle Bild zu merken.

Übung: Von Bildern zur Geschichte

Jetzt verkoppeln Sie Ihre Bilder zu einer Geschichte: Der Affe springt dem Fritzchen auf die Gießkanne, und dieser gießt dann ausgerechnet das Wasser durch das Loch im roten Regenschirm.

Nun der nächste Satz: „Das Nilpferd rast durch den Sumpf". Der Satz ist sehr anschaulich, und deshalb wird es Ihnen leicht fallen, ihn sich bildhaft vorzustellen. Sehen Sie, wie das Nilpferd einen roten Regenschirm im Maul zerbeißt, und Sie haben die beiden Sätze miteinander verknüpft.

Von Gedächtniskünstlern und Gedankenakrobaten

Die Bildverknüpfung ist eine sehr interessante und wichtige Technik. Alle großen Gedächtniskünstler und Gedankenakrobaten im Zirkus, im Varietee und im Fernsehen (denken Sie an „das laufende Band" – wie herrlich könnte man mit der Verknüpfungsmethode das Band leerräumen!) benutzen ihr Assoziationsvermögen, d. h. sie sind in der Lage, durch Training die tollsten und plastischsten Verknüpfungen zu erfinden. Auch wenn die Sätze nicht zueinander passen, erfinden Gedächtniskünstler immer originelle, einfallsreiche und humoristische Verknüpfungen. Für Sie gilt: Meist ist das erste Bild, das Ihnen in den Sinn kommt, das beste.

Jetzt verkoppeln Sie „Das Nilpferd rast durch den Sumpf" als Bild mit dem Gedankenbild für den nächsten Satz: „Die Straßenlaterne flackert an und aus". Nun verbinden Sie diesen Satz noch mit „Der Hausmeister schläft vor dem Fernseher ein", „Der Supermarkt hat Ausverkauf" und „Die Kirchturmuhr schlägt 12°° Uhr mittags."

Achtung: Machen Sie eine kurze Pause und wiederholen Sie noch einmal die Gedankenbilder. Sie werden feststellen, dass sich durch diese Art der Verkoppelung nicht nur viel merken lässt, sondern dass sich Ihr bildhaftes Imaginationsvermögen erstaunlich rasch verbessert. Gleichzeitig steigern Sie Ihre Kreativität und geistig-gedankliche Flexibilität erheblich, was sich in größerem Einfallsreichtum mit mehr Humor und Phantasie äußert.

Sie werden feststellen, dass Ihnen diese Bildverknüpfung hilft, die genannten Sätze beliebig, auch rückwärts, aufzusagen, was Ihnen mit dem Normalgedächtnis mehr Schwierigkeiten bereiten würde.

Übung: **Acht Sätze selber verknüpfen**

Üben Sie nun mit weiteren acht Sätzen und bilden Sie die Verknüpfungen selbst, dann behalten Sie diese auch besser:

1. Wir hatten eine harte Preisverhandlung mit dem Autohändler.

2. Der Kunstmaler verwendet Pastellfarben.

3. Die Großmutter verliebt sich in den Straßenbahnschaffner.

4. Der Fuchs hat die Gans gestohlen.

5. Die Kinder fahren auf dem Dorfweiher Schlittschuh.

6. Der Raubritter rasselt mit dem Kettenhemd.

7. Der Elefant trompetet in der Wilhelma.

8. Der Manager schläft im Flugzeug ein.

Bitte prüfen Sie sich jetzt schriftlich:

1. _Bein Autohof gab es harte Preisverhandlung_

2. _Der Kunstmaler malte in Pastellfarbe_

3. _Oma verliebt sich in den Straßenbahn_

4. _Der Fuchs hat die Gans geklaut_

5. _[handschriftlich, unleserlich]_

6. _[handschriftlich, unleserlich]_

7. _[handschriftlich, unleserlich]_

8. _[handschriftlich, unleserlich]_

Gut, selbst wenn einige Sätze fehlen. Das nächste Mal wird es noch besser gehen, und ich bin sicher, dass Ihnen immer originellere Bildverknüpfungen einfallen werden. Führen Sie das Ganze so spielerisch durch wie ein Kind. Dieser spielerische Ansatz ist der Grund, warum Kinder die Bildverknüpfungen schneller lernen als Erwachsene. Knüpfen Sie nun die Sätze, die Ihnen fehlen, nachträglich an Ihre Bilderkette an, damit sie vollständig ist.

Praxis-Tipp:

Machen Sie ruhig eine kleine Schnaufpause, atmen Sie ein paar Mal tief ein und gehen Sie dann mit dem Mehr an Sauerstoff, den Ihr Gehirn jetzt gut gebrauchen kann, an die nächste Übung heran. Die Sätze werden etwas ungleicher und später etwas länger werden. Doch Sie schaffen ganz sicher auch dies!

Übung: **Neun Sätze spielerisch merken**

1. Die Katze frisst die Maus.

2. Der Ölbohrturm brennt.

3. Das U-Boot taucht unter dem Eisberg durch.

4. Der Waschbär schüttelt sich.

5. Die Hausfrau kocht ein wundervolles Essen.

6. Der Jäger schießt ein Reh.

7.   Der Kaminfeger umarmt seine Braut.

8.   Der Klempner repariert die falsche Heizung.

9.   Der Lehrer gibt heute keine Hausaufgaben.

Ja, es sind nun neun Sätze. Machen Sie sich von jedem ein Bild; dieses ist eine Stütze für Ihr Normalgedächtnis. Es soll – bildhaft übertragen – helfen, die Schallplattenrille aufzufinden, in der in Ihrem Normalgedächtnis der Satz gespeichert wurde. Wir speichern grundsätzlich alles, nur wissen wir oft später nicht mehr, wie wir es wieder abrufen können. Ein Hypnotisierter kann sich so auf Kommando an ganz frühe Kindheitsgeschehnisse erinnern, die er sonst nicht mehr wüsste.

Schreiben Sie die Sätze auf, und ergänzen Sie in Ihrer Bilderkette die fehlenden. Jetzt sind Sie bereits viel besser als ein untrainierter Mensch!

1. _Die Probe frisst die Maus_

2. _Ein Oelbehun_

3. _Der Wald rauscht unter den Eichen_

4. _Der Wachbär schüttelt viel_

5. _die Hausfrau kocht ein gutes Ei_

6. _Der Jäger schiesst ein Reh_

7. _der Kamin legt umarmt ein Braut_

8. _der Klempner repariert die falsche Heizung_

9. _Der Lehrer gibt keine Hausaufgaben_

Übung: **Längere Sätze bildhaft merken**

Endspurt! Die Sätze werden etwas länger. Lassen Sie sich nicht von den vielen trockenen Wörtern beeindrucken. Ein langer Satz gibt genauso wie ein kurzer Satz nur ein einziges Bildchen.

1. Die Schaltungen des Computers werden heute ausgebaut.

2. Der Hydrant hat Hochdruck.

3. Der Geschäftsführer der Teilzeitfirma stellt lauter neue Leute ein.

4. Der Rechtsanwalt trägt vor dem Gericht die Verteidigungsrede seines Mandanten vor.

5. Das Hochbauamt verbietet den Ausbau von Dachstockwohnungen.

6. Die Kaugummifirma erhöht den Pfefferminzanteil um 10 Prozent.

7. Der Höhenmesser der Boeing 707 wird durch Radareinflüsse gestört.

8. Die siegreichen Sportler schwimmen eine Ehrenrunde im Olympiastadion.

Schreiben Sie nun die acht Sätze auf, soweit Sie sich noch erinnern können.

1. _Die Computer ... die Schaltung aus_

2. _Der Hydrant hat Hochdruck_

3. _Der Chef der Teilzeitfirma stellt lauter neue Leute_

4. _der Anwalt hält die Verteidigung vor für sich ..._

5. _der Ausbau von Dachstockwohnung ist ..._

6. _die Kompanie für erhöht den Pfefferminzanteil um 10 %_

7. _Das Rudel hält die Kolonne in 747_

8. _____

Wenn Sie nur vier oder sechs Sätze behalten haben, so ist dies schon eine reife Leistung für ein untrainiertes Gehirn.

Übung: Ganze Bilderreihen verknüpfen

Koppeln Sie jetzt die Bilder der Ihnen fehlenden Sätze hinzu. Nicht aufgeben, jetzt kommt das Wunder!

Sie können ruhig aufstehen, ein paar Atemübungen machen und ein paar Schritte gehen, damit Ihr Kreislauf wieder besser funktioniert und das Gehirn besser durchblutet wird. Und nun passen Sie auf, wie Wunder geschehen:

Können Sie sich mit Ihrer neu gekräftigten Phantasie noch vorstellen, wie eine Koppelung zwischen dem letzten Satz „Die Kirchturmuhr schlägt 12°° Uhr mittags" und dem Satz der nächsten Serie „Wir hatten eine harte Preisverhandlung mit dem Autohändler" aussieht?

Einfach, nicht wahr? Wir lassen die Kirchturmuhr 12°° Uhr mittags schlagen, der Verkäufer will zur Mittagspause und dadurch bekommen wir den Wagen wesentlich billiger. Sehen Sie das Bild für eine Sekunde innerlich vor Ihren Augen und lesen Sie dann weiter.

Machen Sie nun eine Koppelung mit dem Satz „Der Manager schläft im Flugzeug ein" und „Die Katze frisst die Maus". Nachdem Sie diese Verknüpfung zustande gebracht haben, wird es Ihnen sicher gelingen, die allerletzte Verknüpfung für heute zu machen zwischen dem Satz „Der Lehrer gibt heute keine Hausaufgaben" und „Die Schaltungen des Computers werden heute ausgebaut".

Vollbringen Sie Ihr Gedächtniskunststück

Ob Sie es nun glauben oder nicht: Jetzt sind Sie in der Lage, Ihr größtes Gedächtniskunststück zu vollbringen. Bisher war es Ihnen nicht möglich, sich mehr als zehn oder zwölf Sätze zu merken. Nehmen Sie ein neues Blatt Papier und fangen Sie mit dem Satz „Der Affe klettert auf den Baum" an.

Sie werden staunen: Sie werden mindestens das Doppelte von zwölf Sätzen frei aus dem Gedächtnis wiedergeben können (vorausgesetzt, Sie haben die bildhafte Verknüpfung auch wirklich innerlich gesehen).

Sie können auch pro Satz einfach nur ein Stichwort aufschreiben, etwa „Affe, Blumen gießen, Schirm, Nilpferd, Laterne, Hausmeister" etc.

Top Fit
Fakten merken

5

Setzen Sie die Verknüpfungsmethode ein

Vokabeln richtig lernen

In jeder Fremdsprache, auch im Englischen, gibt es Wörter, die zwei, fünf, zehn und mehr verschiedene Bedeutungen haben. Wenn wir etwa das englische Verb „to run" nehmen, prägen sich seine Hauptbedeutungen durch die vielen Wiederholungen einfach ein. Doch bei den vielen Bedeutungen dieses Verbs können Sie die leichte Verknüpfungstechnik verwenden, die in diesem Buch mit besonders einprägsamen Zeichnungen dargestellt ist.

Dies ist eine sehr frühe Anwendung der Gedächtnistechnik auf das Vokabellernen, bei den ersten Lernstufen.

Beispiel: ─────────────────────────

Das englische Verb „to run" hat zusammen mit dem Hauptwort „run" folgende Bedeutung:

laufen – rennen – Spazierfahrt – Laufmasche – Ansturm – Laufzeit – auslaufen – durchlaufen – zerlaufen – verlaufen – eilen – fließen – verkehren – lauten – tönen – betreiben – leiten – laufen (Wasser) – zufällig treffen – stoßen auf

Versuchen Sie – ohne unser Verknüpfungstraining –, sich mit Hilfe von herkömmlichen Methoden (öfter Aufsagen, Wiederholen, innerlich Aufsagen, häufiges Vorlesen, Aufschreiben, sich abhören lassen) an diese Bedeutungsliste zu erinnern.

Die eigenen Grenzen sprengen

Vermutlich haben Sie Ihr ganzes Leben Erfahrungen mit den traditionellen Lernmethoden gesammelt und sind mangels einer leichteren Lerntechnik bald an die Grenzen Ihrer Lernfähigkeit gelangt. Damit war das Ende Ihrer geistigen Entfaltung schnell erreicht, und die Hoffnung auf weiteren beruflichen Aufstieg wurde gebremst.

Über diese Grenzen wollen wir uns durch mehrmaliges Durcharbeiten (nicht nur durch einfaches Lesen!) dieses Buches für immer hinausschwingen, mit der reellen Aussicht auf größere und weitere Horizonte Ihrer individuellen, eigenen Wahl. Freuen Sie sich und feiern Sie durch ein Lächeln diesen ersten und bedeutendsten Schritt in das Neuland modernen Lernens und helfen Sie auch anderen Lernwilligen.

Glauben Sie nicht auch daran, dass wir in der Kultur, die wir uns heute erschaffen, morgen alle leben werden?

Es geht los!

Übung: **Vokabeln richtig verketten**

Die Bedeutung für das englische Verb „to run" und für das Hauptwort „run" reihen wir mit lebhafter Phantasie zu einer kleinen, bewegten, einprägsamen, bildhaften Geschichte aneinander.

Beispiel:

Da „to run" zunächst mit „laufen" übersetzt wird: Sehen Sie sich gedanklich, wie Sie einen Trainingsanzug anziehen und auf dem Bürgersteig zu laufen beginnen.

Sie erreichen den Waldrand und beginnen zu rennen. Auf der Waldlichtung steht eine Kutsche, und Sie machen eine Spazierfahrt. Dabei treffen Sie eine Dame mit einer langen Laufmasche, und während die Dame durch das hohe Gras läuft, entsteht eine Serie von Laufmaschen. Ihre Kollegen vom Kegelklub biegen in diesem Moment am Waldrand um die Ecke, und die Dame kann sich des Ansturms der Hinweise dieser Herren kaum erwehren.

Galant retten Sie sie und laden sie zu einem Film ein. Glücklicherweise hat der Film eine lange Laufzeit, bis er ausläuft und alle Szenen durchgelaufen sind. Nach dem Kino zerlaufen sich alle Leute im Hof und Sie hätten sich mit dieser Dame beinahe verlaufen. Jetzt eilen Sie mit ihr in ein Café am Stadtrand. An dem Café fließen die Wasser der Donau vorbei. Hier verkehren viele Busse. Der Name des Cafés lautet „Venezia". Durch den Raum tönt eine schöne Melodie. Der Inhaber, der dieses Geschäft betreibt, begrüßt Sie persönlich. Danach erzählen Sie der Dame, dass Sie in Ihrer Firma die Auslandsabteilung leiten. Ein Kellner dreht den Wasserhahn auf und lässt so das Wasser laufen. Zufällig treffen Sie jetzt den Stadtpfarrer. Dieser hat ein Kreuz (cross) umhängen. Als Sie dieses anschauen, fällt Ihnen ein, dass to run across zufällig treffen und stoßen auf heißt.

Achtung: Dies ist nur ein Beispiel für eine mögliche Verknüpfungsgeschichte. Denken Sie immer daran, dass Sie Ihre individuelle Geschichte erfinden müssen, die am besten in Ihrem Verknüpfungsgedächtnis sitzt und hängen bleibt.

Lesen Sie die Geschichte ein- oder zweimal durch und achten Sie genau darauf, bei welchen deutschen Wörtern sich das Verb to run und das Wort run in welchen Zusammenhängen einsetzen lassen. Zählen Sie dann alle deutschen Bedeutungen auf einem Blatt Papier hintereinander auf, ohne noch einmal nachzuschauen.

Ist es Ihnen gelungen, alle Bedeutungen aufzuzählen, dann zählen Sie diese zur weiteren Einprägung in Ihr Gedächtnis gedanklich rückwärts auf, indem Sie die Geschichte noch einmal rückwärts ablaufen lassen und dabei alle Bedeutungen wieder aufzählen.

Mit etwas Entspannung und Verinnerlichung gelingt Ihnen diese Konzentrationsübung sicher bestens. Ihre bildhafte Vorstellungskraft steigert sich so weit über ein normales Ausmaß hinaus, dass Sie dies bald überraschen wird.

Praxis-Tipp:

Diese Technik sollten Sie zur festen Aneignung an einigen weiteren Beispielen noch einige Male üben, da dieser Schritt erfahrungsgemäß erst nach dem dritten oder vierten Übungsbeispiel fließend klappt. Seien Sie nicht entmutigt, wenn es Ihnen erst nach dem fünften oder siebten Übungsbeispiel leicht gelingt. Lesen und üben Sie bitte erst dann weiter, wenn Sie diese Leichtigkeit im Üben erworben haben, weil dies eine unumgängliche Voraussetzung für die weiteren phantastischen Erfolge ist, die Sie sicher erwarten!

Üben Sie nun selbst weiter!

Beispiel:

To run als Verb: laufen (Füße) – laufen (von Verträgen) – sich beeilen – weglaufen – fahren (Zuggeschwindigkeit) – fließen (Fluss) – zerschmelzen – vergehen (Zeit) – sich verbreiten (Nachricht) – einlaufen (Schiff in den Hafen) – regieren (ein Land) – anlaufen (der Zinsen)

run als Hauptwort: einen Lauf (Wald) – das Weglaufen (Feind) – die Fahrt, die Reise – die Auflage (Zeitung) – der Lauf (der Geschehnisse) (des Marktes) – eine (Schönwetter-)Periode – Nachfrage (nach einem Buch)

Den Terminkalender im Kopf

Mit der Braining-Methode (Gedächtnistraining mit Bildern) lassen sich nicht nur Gegenstände, Begriffe, Abläufe und Zusammenhänge besser merken. Diesen können auch noch Zahlen zugeordnet werden, so dass beispielsweise Erledigungslisten, Tages- und Terminpläne im Gedächtnis behalten werden können. Die Verknüpfung von Vorgängen mit Zahlen funktioniert nach dem gleichen Prinzip wie die zuvor beschriebene Bildung von Zweierketten. Die Zahlen werden dabei durch solche Symbole dargestellt, die mit der Form der Zahl Gemeinsamkeiten haben.

Prägen Sie sich diese Symbole gut ein, denn davon hängt der Erfolg der nächsten Übung ab.

Übung: **Zahlensymbole von 1 bis 10 einprägen**

Eine Kerze sieht mit etwas Phantasie wie eine Eins aus.

Im Hals des Schwans erkennt man die Form der Zwei.

Der Dreizack hat nicht nur drei Zacken, sondern auch die Form einer Drei.

Das vierblättrige Kleeblatt steht für die Vier.

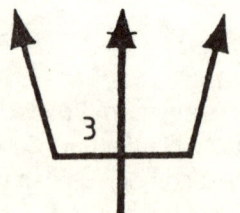

Die fünf Finger einer Hand symbolisieren die Fünf.

Stellen Sie sich den Elefantenrüssel noch etwas mehr eingerollt vor, und Sie erkennen die Sechs.

Sehen Sie im Wimpel die Sieben?

Die bauchige Sanduhr mit der schmalen Taille verkörpert die Acht.

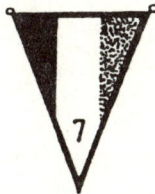 

Die Kobra ringelt sich zur Neun.

Bei der Zehn steht der Golfschläger für die Eins, der Golfball für die Null.

 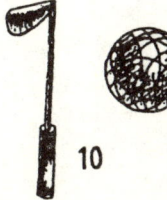

Übung: **Erledigungen merken**

Bitte merken Sie sich die folgende Erledigungsliste:

- Sie wollen früh Ihren Rasen mähen.

- Danach gehen Sie zum Friseur.

- Auf dem Rückweg holen Sie beim Metzger ein großes Stück Leberkäse mit Brötchen.

- Sie bringen jetzt die Kinder zum Kindergarten.

- Nun fahren Sie ins Büro und rufen dort eine Mitarbeiterbesprechung ein.

- Jetzt holen Sie Ihren Computerspezialisten vom Flughafen ab.

- Sie haben einen Termin beim Patentamt.

- Mit dem Bürgermeister Ihrer Stadt treffen Sie zu einem Gespräch zusammen.

- Sie besorgen zwei Theaterkarten.

- Für Ihren Urlaub dürfen Sie die Reservierung der Hotelzimmer am Vierwaldstätter See nicht vergessen.

Versuchen Sie zunächst selbst, die Zahlensymbole in der Reihenfolge mit den jeweiligen Erledigungen zu verknüpfen. Nachfolgend wird eine mögliche Lösung wiedergegeben:

Beispiel:

Stellen Sie sich vor, wie es morgens noch dunkel ist und Sie die Kerze (Symbol für Zahl 1) auf den Rasenmäher stellen und munter losfahren. Als Zweites gehen Sie zum Friseur. Sehen Sie sich als hässliches Entlein hineingehen und als schöner, stolzer Schwan wieder herauskommen. Danach gehen Sie in die Metzgerei und spießen mit Ihrem Dreizack Leberkäse und

Brötchen auf. Viertens: Sie drücken Ihren Kindern ein Kleeblatt in die Hand und noch eins in den Mund und schicken sie zum Spielen auf die Kleewiese im Kindergarten. Zu Nummer fünf: Sie winken mit beiden Händen Ihren Mitarbeitern, begrüßen alle per Handschlag und schmücken mit den Gesten Ihrer Hände Ihre Rede aus. Sechstens: Sie holen Ihren Elefanten aus der Garage und reiten zum Flughafen. Dort holt dieser mit dem Rüssel Ihren Computertechniker aus dem Jumbo-Jet. Siebentens: Sie melden ein Patent an. Hurra, hurra, es hat geklappt! Mit wehenden Fähnchen umkränzen Sie den Patentanwalt. Achtens: Beim Gespräch mit dem Bürgermeister sehen Sie die Sanduhr auf dem Tisch stehen, die Sie daran erinnert, dass Sie sich kürzer fassen sollten. Neuntens: Mit Ihrem Partner im Schlangenledermantel stehen Sie an der Theaterkasse Schlange und, als Sie endlich an der Reihe sind, zischt die Verkäuferin Sie an. Doch das Hineinschlängeln zu den Sitzplätzen klappt. Letztendlich buchen Sie Ihren Urlaub am Vierwaldstätter See im dortigen Golfhotel mit Blick auf den Golfplatz, um richtig zu entspannen.

Erfolgskontrolle: Erledigungen merken

1 _____

2 _____

3 _____

4 _____

5 _____

6 _____

7 _____

8 _____

9 _____

10 _____

Übung: Nachrichten merken

Stellen Sie sich vor, Sie sitzen abends vor dem Fernseher und schauen die Nachrichten an. Jetzt lassen Sie das Verknüpfen weg und schießen gedanklich das Symbolbild einfach beim Kernpunkt der Nachrichtenmeldung in den Bildschirm.

1. Als erste Meldung erhalten Sie eine Übertragung aus Hamburg. Dort ist Hochwasser. Die Keller sind überschwemmt, die Feuerwehr ist emsig beim Auspumpen. Stellen Sie sich einfach vor, wie Sie die Kerze (Symbol für 1) in einen Keller vor die Feuerwehr werfen. Es genügt, das Bild eine Zehntelsekunde vor Augen zu sehen.

2. Die zweite Meldung erhalten Sie aus Berlin; dort sind Studentenunruhen. Sie sehen Demonstranten mit Transparenten durch die Straßen ziehen. Sie schleudern den flatternden Schwan mitten unter die Menschenmenge. Es deutlich zu sehen, ist ausreichend.

3. Als Drittes sehen Sie sich auf der Erfindermesse in Nürnberg. Deutsche Ingenieure haben aus Styropor Hartschaum-Wochenendhäuser entwickelt, die sehr leicht, wärmeisoliert und preisgünstig sind. Nehmen Sie den Dreizack und spießen Sie in Gedanken ein Styroporhaus auf.

4. Als vierte Meldung erhalten Sie ein Bild aus Tokio. Dort ist die Luft verschmutzt: Smogalarm. Die Behörden hängen alle hundert Meter am Straßenrand Sauerstoffflaschen auf. Kleben Sie ein Kleeblatt darauf, fertig.

5. Die fünfte Nachricht bekommen Sie direkt von der Mündung des Amazonas in Südamerika. Englische Sporttaucher haben ein altes U-Boot entdeckt, geöffnet, und siehe da – es ist voll mit Goldbarren. Halten Sie Ihre Hand darauf und greifen Sie die Barren.

6. Sechstens: Studenten haben in Freiburg etwas gegen das Waldsterben getan, indem sie die Tannenspitzen gegen den sauren Regen mit Kalk angestrichen haben. Stellen Sie sich vor, der Elefant hätte den Kalk mit dem Rüssel hochgespritzt.

7. Nummer sieben: Die Amerikaner haben eine Sonde zum Planeten Venus geschickt, die soeben mit Gesteinsproben zurückgekehrt ist. Sehen Sie sich, wie Sie die Flagge in die Gesteinsproben stecken.

8. Achte Meldung: Einigen Konstrukteuren in Zürich ist es endlich gelungen, das erste fliegende Auto zu erproben. Bei Parkplatznot drücken Sie auf einen Knopf, erheben sich mit Ihrem Wagen in die Lüfte und landen auf der nächsten Wiese. Besonderes Kennzeichen: Die große Sanduhr als Kühlerfigur.

9. Die neunte Nachricht: Antarktisforscher haben einen Schneemenschen aus dem ewigen Eis herausgehackt, am Ofen aufgetaut, und plötzlich spricht dieser fließend Englisch. Da erhebt sich eine Schlange aus seinem buschigen Haar.

10. Zehntens: Die Gedächtnistrainer Europas treffen sich im Münchner Hilton. Jeder hat hundert nummerierte Witze mit der Bildpointe des Witzes gekoppelt. Einer ruft 27, alle lachen. Ein anderer ruft 39. Niemand lacht. Da stößt ihn sein Nebenmann mit dem Ellbogen an und flüstert: „Wissen Sie, Herr Kollege, es kommt immer darauf an, wie man einen Witz erzählt." Alle gehen zum Golfspiel vor das Hotel. Einer ruft 101. Alle lachen, denn das war ein neuer Witz.

Top Fit Fakten merken

Erfolgskontrolle: Nachrichten merken (in Stichworten)

Wenn Sie bei den vorangegangenen Übungsbeispielen „mitgemacht" haben, können Sie nun die einzelnen Nachrichtenmeldungen beziehungsweise Erledigungen in beliebiger Reihenfolge sinngemäß wiederholen.

1 _[handschriftlich]_

2 _[handschriftlich]_

3 _[handschriftlich]_

4 _[handschriftlich]_

5 _[handschriftlich]_

6 _[handschriftlich]_

7 _[handschriftlich]_

8 _[handschriftlich]_

9 _[handschriftlich]_

10 _[handschriftlich]_

Eine konsequente Anwendung der Braining-Methode, die in diesem Zusammenhang in den Grundzügen vorgestellt und nur in wenigen Beispielen geübt werden konnte, verbessert die Gedächtnisleistung entscheidend. Zweifellos kommt dies dem Einzelnen sowohl beruflich als auch privat zugute.

Nun sind Sie bald so weit, dass Sie die Methode auf Vokabeln anwenden können. Herzlichen Glückwunsch für das Durchhalten! Sie werden reich belohnt werden, indem Sie Ihre Fähigkeiten verdreifachen.

Vergegenwärtigen Sie sich nochmals:

Mit den Zahlensymbolen 1 bis 10 war es ganz leicht, sich zehn Erledigungen (oder etwas anderes) per Verknüpfung zu merken. Das Beeindruckende daran ist, dass Sie diese Fakten nun in und außerhalb der Reihenfolge – sowie vorwärts und rückwärts – abrufen können.

Verblüffen Sie Ihre Freunde damit, und wenn Sie dies zu Hause, „im stillen Kämmerlein", geübt haben, merken Sie sich

- eine Einkaufsliste mit unerledigten Sachen
- eine Bestsellerliste vom Büchermarkt
- eine Namensliste und die ersten zehn Schlagzeilen der heutigen Zeitung

Praxis-Tipp:

Wenn Sie unterschiedliche Dinge mit den Zahlensymbolen verknüpfen, die sich leicht durch den gesunden Menschenverstand voneinander abgrenzen lassen (zum Beispiel Erledigungen und Zeitungsschlagzeilen), besteht keinerlei Verwechslungsgefahr, selbst dann nicht, wenn sie den Schlüssel täglich verwenden.

Die Gedächtnistraining-Oberstufe

Strebsame können den Zahlenschlüssel leicht bis 20 erweitern, indem sie sich für die Zahlen 11 bis 20 neue Symbole ausdenken. Damit lässt sich schon eine freie Rede halten.

Wichtig: Kinder und Erwachsene mit sehr gutem Vorstellungsvermögen können den 10er-Schlüssel leicht auf 100 Positionen erweitern, indem sie die einzelnen Symbole in zehn verschiedene Farben „tauchen", zum Beispiel helle Farben für die Zahlen 10 bis

50 und dunkler werdende Farben für die Zahlen 51 bis 100. Diese Farbkontrastabstufung erleichtert die Merkfähigkeit. Also: 1 bis 10 weiß, 11 bis 20 gelb etc. Auch die Kombination von zwei Symbolen zu einer zweistelligen Zahl ist praktizierbar.

Zahlensymbole 11 bis 20

Übung: **Gedächtnistraining bei Nachrichtensendungen**

Versuchen Sie, nach dem Hören oder Sehen der täglichen Nachrichten so viel wie möglich in Form von Stichworten unmittelbar danach wiederzugeben. Versuchen Sie dann, anhand der wiedergegebenen Stichworte möglichst viele Meldungen auf die folgende Weise zu rekonstruieren.

1. Versuchen Sie, während der Nachrichtenaufnahme Stich-
worte, Einzelbilder, Fakten in Bandwurmform mit Humor und
Einfallsreichtum aneinander zu ketten. Benützen Sie die
Einzeldaten als Erinnerungsstützen, mit deren Hilfe Sie den
Großteil der Gesamtinformation wiedergeben können.

   Üben Sie dies so oft und so häufig wie möglich, um durch
Wissen, Systematik und Training in Kürze einen ganzen Vor-
trag wiedergeben zu können. Dies ist, aus dieser Grundübung
abgeleitet, tatsächlich möglich. Es wird Ihnen bald gelingen,
den Inhalt eines kurzen Gesprächs wiedergeben zu können.

2. Wenden Sie bei derselben Übung mehr Vorstellungsvermögen
an, indem Sie sich die Informationen jedes Mal direkt in der
Praxis vorstellen.

3. Verknüpfen Sie Praxisvorstellungsbilder miteinander; benützen
Sie Phantasie und Eselsbrücken.

4. Stellen Sie sich die einzelnen Praxisbilder so flexibel vor, dass
Sie sie in Ihrer Phantasie nacheinander auf Gegenstände Ihrer
Wohnungseinrichtung ablegen können, und zwar immer
schneller in der Reihenfolge der Möbelanordnung von rechts
nach links oder umgekehrt.

5. Benützen Sie auch andere Räume, um sie mit Vorstellungs-
bildern vollzustellen, gehen Sie dann auf bekannte Wege,
Stellen und Plätze über. Merken Sie sich von Anfang an Nachrichten nur für einen Tag, weil es am nächsten Tag ja wieder
neue gibt.

6. Üben Sie die Nachrichten-Übung auf Seite 66. Versuchen Sie
danach, sich aus jeder Nachrichtenmeldung einen Kernsatz
zu merken und diese Kernsätze aneinander zu koppeln.

7. Üben Sie die Zahlensymbole 1 bis 10. Wenn Sie diese flüssig
auswendig können, koppeln Sie die Kernsätze (oder Kernbil-

der) sofort an die einzelnen Zahlenbilder, und die Reihenfolge wird Ihnen von nun an keine Schwierigkeiten mehr bereiten.

8. Blenden Sie die Bildsymbole nur noch in die verbilderte Meldung ohne Kopplung hinein. Die fortgeschrittene Methode geht so schnell wie ein Blitzlicht-Foto.

Testen Sie das Ergebnis!

Übung: Die Verknüpfungsgeschicklichkeit überprüfen

Wie würden Sie die folgenden zwölf Begriffe verknüpfen?

Cola – Pferd – Spitze – Eis – Wiese – Vertreter – Würfel – Sessel – Rose – Ostfriese – Hähnchenkeule mit Gemüse – Fußball

Die Verknüpfung könnte folgendermaßen aussehen:

Beispiel:

- Ich stelle die Kerze auf die Cola-Flasche.
- Der Schwan sitzt auf dem Pferd.
- Der Dreizack hat sowieso schon Spitzen.
- Ein Kleeblatt wächst im Eis.
- Mit der Hand zeige ich zur Wiese.
- Der Vertreter sitzt auf dem Elefanten.
- Ich stecke die Fahne in den Würfel.
- Die Sanduhr liegt im Sessel.
- Die Schlange kriecht über die Rose.
- Beim Golfspielen erzählt jemand einen Ostfriesenwitz.
- Hähnchenkeule mit Gemüse und Spaghetti.
- Der Fußball trifft die Uhr.

Viele Leser und Seminarteilnehmer verknüpfen die Zahlensymbole anfangs so, wie in den zwölf Beispielen beschrieben. Aus den ausgewerteten Ergebnissen zahlreicher Seminare wissen wir, dass dies nicht genügt, um alle zwölf nummerierten Verknüpfungen fehlerlos und lückenfrei wiederzugeben.

Bei einem Profi, der schon ein sehr gut entwickeltes, bildhaftes Vorstellungsvermögen besitzt, würden diese einfachen Verknüpfungen möglicherweise ausreichen, da er sich alles (auch wenn es weniger Bewegungsgestaltung hat) viel bildhafter und plastischer vorstellen kann.

Kreativere, originellere und flexiblere Verknüpfungen

Sie sind jedoch in dieser Übungsphase noch kein Profi. Deswegen sollten Sie die Bilder mit mehr Bewegung gestalten, sie verändern, neue Verknüpfungsvarianten entwickeln und generell kreativer, origineller und flexibler verknüpfen. Später ist dieser Schritt nicht mehr notwendig. Ich erwähne dies nur deswegen, weil die Methode einigen Rationalisten unter Ihnen in dieser Lernphase vielleicht zu umständlich vorkommen könnte. Dieser Haupteinwand wird jedoch kurze Zeit später durch die Verdreifachung der Lernmenge mit dieser Methode schon widerlegt.

Übung: **Verknüpfungsintelligenz variieren**

Gehen Sie auch durch diese neue Lernphase! Verknüpfen Sie ausführlicher! An den folgenden vier Beispielen werde ich es Ihnen ganz genau erklären, um Ihnen zu helfen, Ihre Verknüpfungsintelligenz besser zu variieren.

1. Wir sehen die Kerze auf der Cola-Flasche. Das herunterfließende Wachs bedeckt die Aufschrift „Cola". Die Flasche zerspringt von der Hitze, und die Kerze liegt in der dunklen Cola-Flüssigkeit (als Bild klar umrissen zu sehen).

2. Der Schwan sitzt nicht nur auf dem Pferd, sondern er schlingt seinen längeren weißen Hals mehrmals um den schwarzen Pferdehals, schwingt die Flügel, und das Ganze sieht aus wie ein fliegendes Pferd aus der Sage.

3. Wir binden an den Dreizack eine Bleistiftspitze, die wir noch anspitzen, um damit zu schreiben.

4. Eis und Kleeblatt: Wir legen mehrere Kleeblätter in einen Eisblock, oder die Kleeblätter auf der Wiese werden mit einem Spray vereist.

Versuchen Sie bitte, die restlichen Beispiele selbst nach diesem Muster (1 bis 4) zu verknüpfen.

Die Blitzlicht-Technik

6

Fakten blitzschnell einprägen

Diese bemerkenswerte Kunst der Blitzlicht- oder auch Flash-Technik ist schon nach wenigen Übungsstunden anwendbar. Das Neue hieran ist, dass Sie nicht mehr (oder nur noch geringfügig) verknüpfen und dadurch Zeit beim Lernen sparen. Bei der Blitzlicht-Technik sollten Sie die ersten zehn Symbole sehr sicher, wie im Schlaf, beherrschen. Sie eignet sich vorwiegend überall da, wo das Einspeichern schnell gehen soll, zum Beispiel beim Merken von Fakten, während eines Verkaufsgesprächs, einer Verhandlung, einer Diskussion, beim Anhören einer Rede, beim Durchblättern der Tageszeitung usw. Es gibt unzählig viele weitere Beispiele, die sich Ihnen schon nach wenigen Trainingsübungen auftun.

Nachdem sich im November 1988 in der Sendung „Wetten, dass ...?" von Thomas Gottschalk ein Züricher Mathematikprofessor eine 600stellige Zahl (!) gemerkt und fehlerfrei aufgesagt hat, gewinnen diese Imaginationstechniken zusehends mehr Beachtung und Bedeutung.

Übung: **Abendnachrichten merken – Blitzlicht-Technik üben**

Das beeindruckendste Beispiel von allen breit gefächerten Anwendungsmöglichkeiten ist jedoch das Merken der Abendnachrichten im Fernsehen. Dies ist die ideale Gelegenheit, die Blitzlicht-Technik zu üben.

Setzen Sie sich am Abend motiviert vor Ihren Fernsehschirm. Warten Sie die erste Fernsehnachricht ab, und verknüpfen Sie jetzt nicht lange und umständlich dieses Ereignis mit der Kerze für Zahl eins, sondern werfen Sie einfach die Kerze (natürlich nur gedanklich) in das Bild auf dem Fernsehschirm. Der „Aufprall" ist automatisch die Verknüpfung. Mit dieser „Blitzlicht"-Technik geht das Merken viel schneller. Beim Erscheinen des zweiten Nachrichtenbildes tun Sie dasselbe mit Ihrem Schwan für die Zahl zwei. Werfen Sie Ihren flatternden Schwan einfach gedanklich in die Bildszene hinein und sehen Sie gedanklich das Zusammentreffen für einen Moment imaginär; ebenso mit der Zahl drei für die dritte Nachricht.

Selbst wenn im Fernsehen kein Bild oder Szenenausschnitt gezeigt wird, so stellen Sie sich das Ereignis einfach bildhaft vor und verfahren mit dem Phantasiebild genauso wie mit dem wirklichen Bild.

Wichtig: Bei dieser rasanten Geschwindigkeit können Sie sich immer nur den Kernpunkt des Geschehens merken. Sie werden jedoch nach wenigen Übungstagen die verblüffende Entdeckung machen, dass Sie bei allen Nachrichten, von denen Sie sich nur das Hauptereignis gemerkt haben, trotzdem fast alle Nebenereignisse, die entweder im Bild gezeigt wurden oder die der Nachrichtensprecher zusätzlich erzählt hat, lückenlos abrufen können.

In die Spurrille der Schallplatte kommen

Dies ist eine ganz besondere Entdeckung in der Ära des Gedächtnistrainings. Damit ist im Grunde bewiesen, dass wir erinnerungstechnisch nur in „die gleiche Spurrille der Schallplatte" gelangen müssen – und alle Informationen, die wir vorher vergeblich gesucht haben, sind wieder da. Die Blitzlicht-Technik schafft damit Markierungsplätze, um genau dorthin zu gelangen, wo die Information gespeichert ist.

Die Erinnerung richtig „sortieren"

Wir vergessen nicht, sondern wir finden nur den Weg zu den gespeicherten Informationen nicht so leicht. Wir brauchen also Wegmarkierungen. So wie eine Bibliothek nach einzelnen Wissensgebieten geordnet ist oder wie in einem Buch das Inhaltsverzeichnis die Kapitel auflistet, so benötigen wir in unserer Erinnerung ebenfalls eine „Beschriftung der Schubladen".

Die Blitzlicht-Technik

Denken Sie an einen Indianer, der den Weg durch den Wald wiederfindet, indem er sich hervorstechende Landschaftsgebilde merkt oder Zeichen in die Bäume ritzt und Zweige umknickt. Beim Verknüpfen von Wortbildern haben Sie also gleichzeitig auch Markierungen geschaffen.

Praxis-Tipp:

Durch häufiges Training lässt sich feststellen: Je mehr Sie selbst den Lernstoff verändern oder umgestalten, desto größer und leichter ist der spontane Wiedererinnerungsfaktor.

In der Anwendung heißt das: Je mehr Sie mit dem Üben des bildhaften Lernens noch in den Anfängerschuhen stecken, desto mehr Verknüpfung, Veränderung und Umgestaltung, oft auch Vernetzung des Lernstoffes, bei Ihnen sind notwendig, um viel zu behalten.

Je länger Sie andererseits schon üben und je besser Ihre Imaginationskraft und Ihr Vorstellungsvermögen geworden sind, desto weniger Veränderung, Verknüpfung und Umgestaltung sind erforderlich.

Das erklärt, warum Sie nicht sofort mit dem Vokabellernen per Aktiv-Methode beginnen konnten, sondern erst vorbereitende Übungen praktizieren mussten.

Praxis-Tipp:

Am effektivsten lernen Sie Vokabeln, wenn Sie das Lernen mit der Bildvorstellung so gut geübt haben, dass Ihnen ein Minimum an Bildeindruck genügt, um sich spontan an die richtige Vokabel erinnern zu können. 100 Vokabeln pro Stunde und sogar das Doppelte sind keine Seltenheit.

Eine geringe Veränderung genügt als Bildreiz, um sich an die ursprüngliche Vokabel zu erinnern. Dabei können Sie sich auch ähnlich klingende Wörter bildhaft vorstellen oder einfach die erst- und nächstbeste ähnlich klingende Eselsbrücke ersatzweise als Erinnerungsauslöser benutzen. Genauigkeit ist hier nicht erforderlich.

In Gedächtnistrainer-Kreisen nennen wir dies auch das „Lernen von Vokabeln mit Ähnlichkeits- oder Ersatzwörtern". Dabei kommt es lediglich darauf an, durch das ähnliche Wort oder Bild an die Vokabel erinnert zu werden. Das Bild dient somit nur als Erinnerungsauslöser bzw. Eselsbrücke: Sie finden mittels dieses oft kuriosen Auslösereizes zum ursprünglichen Wort zurück. Er dient als geistige Wegmarkierung (Indianer!), als ein Zurückfinden in die „Schallplattenrille" oder „Schublade", in der das richtige Wort steckt.

Das „Eselsbrückenbild" gibt Hilfestellung

Die Eselsbrücke ist die Schubladenbeschriftung und dient nur Ihrer inneren Orientierung, sie braucht niemals ausgesprochen zu werden. Mit der Übung wird das Eselsbrückenbild immer weniger, so dass Sie sich nach wenigen Wochen schon durch geringfügige Reize an die ursprüngliche Vokabel erinnern werden.

Bei regelmäßigem Training über einige Monate hinweg werden Sie ganz ohne diese Brücke auskommen können und sich die gelernte Vokabel einfach merken. Dieses Ideal ist anfangs nicht so leicht erreichbar. Doch Ihre Aufmerksamkeit und Wachsamkeit nimmt durch das Training zu, die Erinnerungswege werden immer bewusster, kürzer und spontaner.

Wichtig: Anfangs sollten Sie jedoch eher umgekehrt üben und die Verknüpfungen, Ersatzbegriffe und Veränderungen so ausgeschmückt und bewegt wie möglich gestalten, damit der Erinnerungsweg möglichst viel Bildfläche in Ihrer Vorstellung einnimmt.

Üben Sie mit Kindern zusammen, wenn Sie die Möglichkeit haben, denn Kinder haben einen leichteren Zugang zu dieser Methode, und Sie können davon nur profitieren!

Vorstufe zum Vokabellernen

Für das Vokabellernen ist grundsätzlich keine weitere Gedächtnistechnik mehr notwendig.

Nach Erlernung der Blitzlicht-Technik ergibt sich die Beherrschung von Fremdwörtern, abstrakten Begriffen und Vokabeln von selbst. Die einzige Möglichkeit, dieses Erfolgsziel nicht zu erreichen, liegt darin, zu wenig zu üben.

Achtung: Die Zeitspanne zur Erreichung dieser Fähigkeit ist individuell oft sehr unterschiedlich. Das einmalige Durchlesen des Buchs genügt sicher nicht, da beim ersten Durchgang der Übungen der Überraschungseffekt zu hoch ist. Erst wenn dieser Punkt der Neuartigkeit einigermaßen verdaut ist, trägt das Üben der flexiblen Vorstellungskraft schneller Früchte.

Beispiel:

Probieren Sie bei der folgenden Übung „Mit weißer Kreide Fremdwörter an eine schwarze Tafel schreiben" aus, ob es für Sie nicht leichter ist, mit einem dicken Farbstift in Ihrer Lieblingsfarbe klar und deutlich auf ein großes, weißes Papier, das auf Ihrem Tisch liegt, zu schreiben und das geschriebene Wort innerlich zu sehen.

Wenn Sie feststellen, dass die gedanklich niedergeschriebenen Worte sich nur in Ihr Kurzzeitgedächtnis einprägen, so vertiefen Sie die Bildintensität, indem Sie – wie ein Künstler – das bereits in Ihrer Vorstellung geschriebene Wort innerlich ausschmücken.

Hier möchte ich Ihnen völlig freie Hand lassen. Sie könnten zum Beispiel die Rundungen der Vokale a, e, o, u mit einer Gegensatzfarbe ausmalen oder die Anfangs- und Endbuchstaben mit Schnörkeln und Verzierungen ausschmücken.

Immer dann, wenn es noch nicht klappt, müssen Sie die Bildfläche vergrößern, also zum Beispiel mit einem 30 cm breiten Malerpinsel mit Leuchtfarbe an eine Ihnen bekannte Kinoleinwand schreiben. Denken Sie daran, dass Ihnen in der Vorstellungskraft grundsätzlich alles – ohne Grenzen und Hindernisse – möglich ist, und beachten Sie, dass Sie sich nur durch Ihr eigenes „Dafürhalten" und Denken begrenzen.

Genießen Sie diese innere Freiheit gerade beim Vokabellernen! Die Bildersprache ist natürlicher als die verbale Sprache, weil sie die Sprache Ihres Unterbewusstseins ist. Üben Sie bitte auch im Alltag.

Übung: **Gedanken auf eine Tafel schreiben**

Beginnen Sie mit kleineren Schritten, indem Sie zunächst kürzere Vokabeln zum Üben verwenden. Es ist leichter für Sie, wenn Sie von Ihrer Muttersprache ausgehen, weil dies den üblichen Denkvorgang darstellt. Nehmen Sie zum Beispiel kurze deutsche und englische Wörter wie:

fähig	=	able
Abgrund	=	abyss
Sonne	=	sun
Affe	=	ape
Gebiet	=	area
Arche	=	ark
Pfeil	=	arrow

Die Blitzlicht-Technik

Bogenschütze	=	archer
Speck	=	bacon
Schönheit	=	beauty
Biber	=	beaver

Um Ihre Merkfähigkeit zu trainieren, schreiben Sie in Gedanken die jeweiligen Englisch-Wörter mit weißer Kreide (wie bereits erklärt) auf eine schwarze Tafel, und anfangs auch noch die deutsche Bedeutung darunter. Sie können diese Reihe von kurzen englischen Wörtern beliebig mit einem geeigneten Wörterbuch fortsetzen.

Versuchen Sie nun selbst, mit originellen Spontaneinfällen Vokabeln zu lernen. Bitte vergessen Sie nicht: Ihre eigenen Einfälle sind immer die besten!

Variieren Sie das Vokabellernen

Wenn Sie schon eine bewährte Lernmethodik haben, so behalten Sie diese bei. Steigern Sie sich und ergänzen Sie Ihre Lerntechnik durch eine weitere.

Übung: Jedes Fremdwort sofort vorstellen

Es gibt Menschen, die gerade dadurch gut lernen, dass sie sich jedes zu lernende Fremdwort sofort innerlich vorstellen oder sogar in Gedanken hinschreiben. Mit bildhaftem Vorstellungsvermögen kann diese Technik zur Professionalität gesteigert werden. Sie beginnen damit, sich eine große schwarze Tafel vorzustellen und mit weißer Kreide Ihre neue Vokabel, die Sie soeben gelesen oder übersetzt haben, anzuschreiben.

Solange das Vorstellungsvermögen noch nicht so stark entwickelt ist, sollten Sie das gedanklich angeschriebene Wort nachfahren und innerlich nachsprechen sowie sich der deutschen Bedeutung bewusst sein.

Versuchen Sie es mit zehn Vokabeln: Sie werden überrascht sein, dass die Lerndauer kurz ist und bei einigermaßen gutem Vorstellungsvermögen die Behaltensdauer länger und präziser als bei dem alltäglich gelernten Wort. Selbstverständlich können Sie auch innerhalb jeder Methode variieren. Stellen Sie sich zur Abwechslung eine weiße Papiertafel vor und malen Sie mit dunkelblauem Stift Ihre Vokabel zweimal darauf.

Personen mit weniger gutem Vorstellungsvermögen können dadurch ihr bildhaftes Sehen und ihr photographisches Gedächtnis sowie ihre geistige Aktivität und Flexibilität phantastisch verbessern. Dies geht anfangs oft schleppend langsam, mit den ersten Erfolgen dann immer schneller und schneller – bis Sie auch mit dieser Methode eine gute Lernzeitverkürzung erzielen.

Praxis-Tipp:

Weniger theoretisch, sondern mehr praktisch veranlagte Seminarteilnehmer lernen Vokabeln oft, indem sie sie drei-, vier- oder gar siebenmal hinschreiben. Diese (wegen des Mehraufwandes) nicht immer so beliebte Methode hat den Vorteil, dass die gelernten Worte so sehr intensiv und dauerhaft im Langzeitgedächtnis verankert bleiben.

Vorrangig wichtig ist nur, dass Lernen mit Leichtigkeit, Interesse, Motivation und Freude betrieben wird. Gerade das Ausprobieren verschiedener Lernwege kann Schülern das Lernen wieder schmackhaft machen.

Auch Erwachsenen macht das „Experimentieren" und das Entdecken von neuen geistigen Fähigkeiten als eine Art „Selbstentdeckung" viel Spaß. Auch hier gilt, dass Lerntechniken eine Zeit lang praktiziert werden müssen, um beim Einzelnen zu funktionieren.

Wichtig: Praktische Erfahrungen sind besonders wichtig, nicht nur für Ihr Lernen, sondern auch für Ihren persönlichen Fortschritt, Ihr Leben und die Verwirklichung Ihrer Eigenschaften und Fähigkeiten. Behalten Sie dies in Ihrer Aufmerksamkeit, und Sie werden beachtliche Steigerungsmöglichkeiten an sich selbst entdecken.

Abstrakte Texte leichter merken

Abstrakte Texte haben übungstechnisch einen ähnlichen Schwierigkeitsgrad wie Vokabeln. Hier ein Beispiel:

Gesetzestexte, Argumente und freie Rede

Übung: **Gesetzestexte verknüpfen**

Gesetzestexte sind kein Problem, sobald Sie flexibler verknüpfen können. Dann gelingt es Ihnen auch bald mit abstrakten Texten. Versuchen Sie, sich die nachfolgenden zwölf Artikel des Grundgesetzes ohne Gedächtnistechniken zu merken: Sie werden sehen, dass Sie dafür die dreifache Zeit benötigen, wesentlich mehr Wiederholungen brauchen, und die Merkdauer geringer ist.

Anbei die zwölf Artikel des Grundgesetzes zum Üben:

Artikel 1

Die Würde des Menschen ist unantastbar.

Artikel 2

Jeder hat das Recht auf die freie Entfaltung seiner Persönlichkeit, soweit er nicht die Rechte anderer verletzt und nicht gegen die verfassungsmäßige Ordnung oder das Sittengesetz verstößt.

Artikel 3

Alle Menschen sind vor dem Gesetz gleich, und zwar unabhängig von Geschlecht, Abstammung, Rasse, Sprache, Heimat, Herkunft, Glauben, religiöser und politischer Überzeugung.

Artikel 4

Glaubens- und Gewissensfreiheit

Artikel 5

Meinungs- und Pressefreiheit

Artikel 6

Ehe und Familie stehen unter dem besonderen Schutz der staatlichen Ordnung.

Artikel 7

Das unter staatlicher Aufsicht stehende Schulwesen

Artikel 8

Versammlungsfreiheit

Artikel 9

Das Recht, Vereine und Gesellschaften zu bilden

Artikel 10

Brief-, Post- und Fernmeldegeheimnis

Artikel 11

definiert die Freizügigkeit

Artikel 12

Berufsfreiheit

Versuchen Sie einmal, diese zwölf Artikel normal zu lernen, und vergleichen Sie, dass es mit den zwölf Zahlensymbolen spielend leicht geht und die Behaltensdauer wesentlich länger ist.

Artikel 1

Versuchen Sie, diesen Sinngehalt bildlich darzustellen. Würde können Sie etwa demonstrieren, indem Sie sich einen vornehmen Menschen mit Zylinder vorstellen, den niemand antasten darf. Koppeln Sie dieses Bild nun mit der „Kerze", indem Sie den Mann eine Kerze tragen lassen. Das dürfte als Gedächtnisstütze genügen, um Sie an die Menschenwürde in Artikel 1 zu erinnern.

Artikel 2

Da das Symbol für zwei ein Schwan ist, stellen Sie sich folgendes Bild vor: Ein Schwan entfaltet sich, indem er mit beiden Flügeln schlagend startet. Er darf die Rechte anderer nicht verletzen – das heißt, dass er andere Schwäne nicht mit seinen Flügeln schlagen darf. Und er darf auch nicht gegen das Sittengesetz verstoßen, das heißt, er muss bei seinem Abflug aufpassen, dass er nichts fallen lässt.

Artikel 3

Der dritte Artikel ist leicht zu merken: Die Zinken des Dreizackes sind gleich lang.

Artikel 4

Dies lässt sich mit dem vierblättrigen Kleeblatt assoziieren. Das Kleeblatt bildet ein Kreuz – ein leicht einprägsames Symbol für „Glauben". Stellen Sie sich einen Soldaten vor, der sich seiner Glaubens- und Gewissensfreiheit erinnert und demonstrativ ein Kleeblatt in seinen Gewehrlauf steckt.

Artikel 5

Da das Zahlensymbol für 5 eine Hand ist, brauchen Sie nur vor Ihrem geistigen Auge zu sehen, wie Sie mehrere Zeitungen in der Hand halten, mit einem Freund über die Schlagzeilen diskutieren und dabei frei – ohne die Hand vor den Mund zu nehmen – Ihre Meinung sagen. Damit haben Sie die Hand gleich zweimal in Ihr Bild integriert.

Artikel 6

Für die Zahl 6 haben wir das Bildsymbol eines eingerollten Elefantenrüssels. Sehen Sie vor Ihrem geistigen Auge, wie ein Elefant schützend seinen Rüssel um eine Frau, einen Mann und zwei oder drei Kinder schlingt.

Artikel 7

Das Zahlensymbol für die Zahl 7 ist eine Fahne oder ein Wimpel: Also sehen wir viele Kinder mit einem Wimpel in der Hand in die Schule gehen. Diese Eselsbrücke genügt, um uns an die Regelung des Schulwesens durch den Staat zu erinnern.

Artikel 8

Das Symbol für die die Zahl 8 ist eine Sanduhr. Wir sehen ein paar Leute um einen Tisch versammelt: Jeder stellt eine Sanduhr vor sich hin; wenn die Uhr abgelaufen ist, ist die Versammlung beendet.

Artikel 9

Hier können Sie sich die Ärztevereinigung mit dem Symbol der Schlange vorstellen, oder: Die Kreuzottern gründen einen Verein, um sich vor der Ausrottung durch die Menschen zu schützen.

Artikel 10

Stellen Sie sich vor, Sie sind ein Spion und möchten ein geheimes Dokument verschicken. Damit es niemand entdeckt, knüllen Sie es einfach zusammen und verstecken es in einem Golfball. Den Ball stecken Sie dann in einen Briefumschlag und drücken die aufzuklebende Marke mit dem Golfschläger fest. Hinter dieses gut gehütete Geheimnis kommt bestimmt niemand!

Artikel 11

Symbolbild Spaghetti. Sie gehen auf eine Reise und aus Ihrem Koffer schauen an allen Seiten Spaghetti heraus.

Artikel 12

Nun, Sie müssen ja nicht unbedingt Uhrmacher werden, sondern können sich für jeden Beruf Ihrer Wahl entscheiden. Stellen Sie sich einen Wecker vor, auf dem statt zwölf Zahlen zwölf Berufe stehen.

Erledigungsliste und Speisekarte

Übung: **Eine Erledigungsliste merken**

Ebenfalls ganz leicht ist das Merken einer Erledigungsliste. Da die Fakten des Grundgesetzes von den Fakten der Erledigungsliste sehr verschieden sind, gibt es hier keinerlei Verwechslungsgefahr, und Sie können sich ohne Problem mit den gleichen Zahlensymbolen auch eine Erledigungsliste merken: Sie denken jetzt einfach nicht mehr an das Grundgesetz, sondern an die Erledigungsliste.

- Schecks von der Bank holen
- Tanken
- Ihre Sekretärin anrufen
- Flugtickets einstecken
- Ihr Autotelefon mitnehmen
- Die Präsentationsordner in den Konferenzraum bringen lassen
- Den Zweitwagen zur Reparatur bringen
- Blumen für den Ehepartner bestellen
- Den Radiowecker einpacken
- Die Marketingstrategie für das neue Produkt mit Ihrem Chef durchsprechen
- Einen zweiten Hausschlüssel besorgen
- Bewerbungsunterlagen abschicken

Haben Sie originelle Verknüpfungen zwischen „Schwan" und „Tanken", „Dreizack" und „Sekretärin", „vierblättriges Kleeblatt" und „Flugticket" gefunden? Wenn Ihnen das am Anfang noch ein wenig schwer fällt, nehmen Sie ruhig einen Notizzettel zur Hilfe und schreiben Sie Ihre Assoziationen auf.

Testen Sie Ihr Gedächtnis, indem Sie die Vorlage abdecken und die Liste auswendig niederschreiben. Anschließend vergleichen Sie Ihre Liste mit dem Original. Hatten Sie Erfolg?

Um möglichen Praxiserfordernissen gerecht zu werden, versuchen Sie die Erledigung außerhalb der Reihenfolge abzurufen.

Jetzt geht es weiter mit der nächsten Übung!

Übung: Speisekarte merken

Wir haben festgestellt, dass bei den ersten Versuchen, Gedächtnistraining in der Praxis anzuwenden, die Zahlensymbole 1 bis 12 am häufigsten zum Einsatz kommen, weil diese überall einsetzbar sind und weil sie im Grunde alles nummerieren können. Die Bilder bis 20 folgen später.

Jetzt kommt es darauf an, dass Sie die ersten zwölf Symbole perfekt im Kopf haben; zählen Sie – ohne auf die Bilder im Buch zu schauen – in Bildern von 1 bis 12 und rückwärts.

Stellen Sie sich als Nächstes vor, Sie sitzen zu zweit, zu dritt oder zu viert im Restaurant. Die Speisekarte haben Sie, doch es dauert eine Ewigkeit, bis der Kellner wieder auf der Bildfläche erscheint. Sie machen sich den Spaß und lernen die ersten zwölf Speisen auswendig. Wenn der Kellner erscheint, geben Sie ihm bitte die geschlossene Speisekarte zurück und fragen ihn, ob er Ihnen die Nr. 7 oder die Nr. 12 empfehlen könnte. Wenn der Kellner nachschauen muss, dann sagen Sie ihm, Sie haben die Speisekarte inzwischen auswendig gelernt, weil Sie so lange warten mussten. Solche kleinen, frechen Alltagsanwendungen werden Ihnen sicher selbst zur Genüge einfallen. Auch wenn Sie Kinder unterrichten – ab dem neunten Lebensjahr ist es für die Schule sinnvoll – so können Sie als Belohnung Taschengeld oder Kinogeld als Anreiz setzen. Kinder holen Erwachsene bei diesen Übungen sehr schnell ein.

Versuchen Sie es mal mit folgender Speisekarte:

- Tomatencremesuppe
- Salatplatte Nizza
- Kohlrabi-Auflauf mit Spinat und Kartoffeln
- Jäger-Schnitzel nach der Art des Hauses
- Vollkornnudeln mit Zucchini
- Grünkernfrikadellen und Pellkartoffeln
- Gemüsesuppe mit Weizen
- Verlorene Eier auf Kartoffelpaste
- Apfelpfannkuchen
- Schwarzwälder-Kirsch-Torte
- Rote Grütze und Sahne
- Obstschale Hawai

Inzwischen sind Sie schon fast perfekt. Versuchen Sie einmal beim Nennen einer Zahl von 1 bis 12, was Ihnen so alles auf die Zahl einfällt. Bei Nr. 7 zum Beispiel fällt mir ein, den Zweitwagen zur Reparatur bringen. Das Schulwesen steht unter staatlicher Aufsicht und Gemüsesuppe mit Weizen.

Praxis-Tipp:

Testen Sie sich am besten, indem Sie die Symbole 1 bis 12 jemandem beibringen, und dann fragen Sie sich gegenseitig ab.

Grundsätzlich können Sie alle Fakten nummerieren. Auch Texte und Sätze, ja, grundsätzlich alles ist nummerierbar. Deswegen ist der Zahlenschlüssel von 1 bis 20 am häufigsten und stufenweise immer anwendbar. Üben Sie mit dem Zahlenschlüssel 1 bis 10, 15 oder 20 ruhig weiter. Dies ist die leichteste und effektivste Übungsmethode und die schnellste Anwendung.

Übung: Zehn Tage je zehn Minuten

Am besten üben Sie zehn Tage à zehn Minuten weiter, um es zu einer gewissen Allround-Perfektion zu bringen. Dieses Üben zehn Tage à zehn Minuten halte ich für sehr wichtig.

Erster und zweiter Tag

Beginnen Sie am ersten Tag mit einer leichten Übung, zum Beispiel einer Einkaufsliste mit 20 Gegenständen. Wesentlich mehr Praxis in der Umsetzung bringt am zweiten Tag eine Erledigungsliste oder ein Tagesplan mit zehn Positionen. Noch mehr, wenn Sie sich diese zehn Punkte nicht nur merken, sondern auch tatsächlich ausführen.

Dritter Tag

Am dritten Tag listen Sie die zehn wichtigsten Dinge in Ihrem derzeitigen Leben auf, z. B. Partnerschaft, Beruf, Urlaub etc. Wenn Sie diese sieben oder zehn Punkte in Reihenfolge mit Kerze, Schwan und Dreizack verknüpft haben, so testen Sie mit Ihrem Langzeitgedächtnis, ob Sie diese Punkte abends beim Einschlafen noch wissen. Wenn Sie diese Punkte sogar am anderen Morgen beim Aufwachen noch wissen, so sind Sie schon im Langzeitgedächtnis. Am Anfang ist eventuell eine Wiederholung nach zwei bis drei Tagen erforderlich, dann aber hält es. Später, nach weiteren Übungen, sind mit einer stärkeren Vorstellungskraft immer weniger Wiederholungen nötig.

Am vierten Tag

Merken Sie sich am vierten Tag zwölf Titel der Bestsellerliste vom Buchmarkt, diese stehen im Stern, Focus oder Spiegel, danach zwölf Überschriften in Ihrer Tageszeitung, hiermit können Sie Ihren Partner beim Frühstück verblüffen, sowie das Grundgesetz, Art. 1 bis 12, und das Inhaltsverzeichnis eines Buches, das Sie öfters verwenden. Danach sind Sie so fit, dass Sie die Methode Ihrem Partner oder Ihrer Partnerin beibringen können, denn zu zweit üben macht mehr Spaß und regt die Phantasie an. Helfen Sie auch Ihren Kindern, diese Technik bei Klassenarbeiten umzusetzen.

Die weiteren Schritte

Als nächsten Schritt können Sie eine freie Rede halten, eine Rede merken, die Sie hören und sinngemäß (immer vier bis sieben Sätze zusammenfassend) den Inhalt eines Artikels in einer Fachzeitschrift mühelos speichern.

Argumentieren Sie einmal mit sieben oder zehn vorbereiteten und gemerkten Punkten – so erreichen Sie Souveränität. Danach entdecken Sie automatisch selbst viele weitere Anwendungen.

Viel Freude dabei.

Vokabellernen für Eilige

7

Die Super-Methode für Vokabeln

Wenn Sie wenig Zeit für das Lernen von Vokabeln haben, so können Sie die folgende Methode benutzen, die sich bestens bewährt hat.

Übung: Vokabellernen für zwischendurch

Sie reißen oder schneiden aus weißem Papier zehn handtellergroße Kärtchen, auf die Vorderseite eines Kärtchens schreiben Sie das deutsche Wort und auf die Rückseite die dazu passende englische Vokabel. Zehn solcher Kärtchen pro Tag genügen. Diese zehn Kärtchen stecken Sie morgens in die linke Tasche Ihrer Bekleidung.

Wenn Sie am Bankschalter warten, im Zug oder in der Straßenbahn sitzen, Frühstücks- oder Mittagspause haben oder sonst irgendwo freie drei bis fünf Minuten auftauchen, greifen Sie in die Tasche und holen ein Kärtchen heraus. Egal ob Sie jetzt auf das deutsche oder das englische Wort schauen: Wenn Sie die Rückseite wissen, stecken Sie das Kärtchen in die rechte Bekleidungstasche.

Wenn Sie die Rückseite nicht wissen, schauen Sie kurz nach und stecken das Kärtchen wieder in die linke Tasche. Gehen Sie diese zehn Vokabeln mit der deutschen Bedeutung ein- bis zweimal durch.

Das sind zwar nur zehn Vokabeln, die Sie pro Tag lernen, doch wenn Sie die Wochenenden frei haben, können Sie auf 3 000 Vokabeln im Jahr kommen. Jeweils am Ende der Woche wiederholen Sie die 50 Vokabeln der Woche kurz und heben diese auf für eine monatliche Kurzwiederholung mit ca. 200 Vokabeln. Die nicht gewussten stecken Sie am nächsten Tag wieder in die Tasche.

Übung: Die Drei-Methoden-Kombination

Die Krönung des Vokabellernens ist die Kombination von drei Methoden. Die zweite Methode folgt in den nächsten Kapiteln, und Sie benötigen hierzu nur einen Kassettenrekorder und etwas Zeit und Entspannung. Hierbei sind wesentlich größere Mengen an Vokabeln möglich.

Ob Sie mit Kärtchen, mit Kassettenrekorder oder auf die herkömmliche Art lernen, indem Sie die Englischvokabel im Schulbuch zudecken und die deutschen Begriffe lesen und dabei die gelernte Vokabel erraten: Immer werden Sie am Ende des Lernens einige Vokabeln nicht wissen.

Es kann sein, dass Sie die schwerer lernbaren Vokabeln auch nach einer zweiten Wiederholung immer noch nicht sicher können. Hier setzen Sie unsere Bildverknüpfungsmethode ein und beginnen, die Vokabel mit Bildverknüpfungen zu lernen, in der Regel eine Bildverknüpfung pro Silbe. Das wird Ihnen anfangs schwer fallen, doch mit der Zeit fallen Ihnen pro Silbe immer lustigere Bilder und Geschichten ein.

Selbst dann, wenn Sie diese Methode für undurchführbar halten, wird es nach einigen Übungen automatisch immer leichter werden, und so erhalten Sie eine dritte Vokabel-Lern-Methode: Das Vokabellernen mit Bildergeschichten.

Diese kleine Schwierigkeitshürde tritt auch beim Lernen von Nachnamen auf. Wenn Sie in den folgenden Kapiteln die Übungen zum Namensgedächtnis hinter sich gebracht haben, finden Sie daran anschließend ca. 50 Beispiele, wie sich schwer einprägsame Vokabeln immer kurioser verknüpfen und damit langfristig merken lassen. Nun haben Sie drei Methoden, die Sie im Wechsel benutzen können, und mit der Zeit werden Sie Expertin oder Experte im Vokabellernen.

Vokabelbeispiele zur Einübung

Vor einer bildhaften Verknüpfung empfehle ich Ihnen, jedes Wort aufzuschreiben, langsam vor sich hin zu sprechen und zu hören, wie es für Sie klingt. Beispielsweise

smattering = oberflächliche Kenntnis

Was kommt Ihnen spontan in den Sinn, wenn Sie „smattering" langsam und laut vor sich hin sprechen, wenn Sie dieses neu zu lernende englische Wort hören?

Vor meinem inneren Auge erscheint das Bild eines großen, bunten Schmetterlings, der von Blume zu Blume flattert und deswegen nur eine oberflächliche Kenntnis wahrnehmen kann.

Babyboom und Pavian

Schauen Sie sich zur Einübung genau folgende Beispiele an und denken Sie daran, dass jeder Mensch eine individuelle Art besitzt, Dinge und Situationen zu erleben, und sich diese ganz anders vorstellen kann:

skate = Schlittschuh

Ich sehe Riesenschlittschuhe, und die Kate fährt hiermit.

(to) shuffle = Karten mischen

Mit einer großen Schaufel mische ich die Karten.

shank = Unterschenkel

Ich sehe einen Unterschenkel, der ganz schlank ist.

vulture = Geier

Voll auf Tour (vul-ture) ist der Geier.

station = Bahnhof

Ich steh' schon (sta-tion) am Bahnhof.

spot = Fleck

Die anderen spotten, wenn ich mir Flecken mache.

rock = Fels

Auf dem Fels tanze ich Rock and Roll.

Beachten Sie bitte: Zu perfekt oder zu gut und detailliert verknüpfen wollen heißt sofort, in der Spontaneität nachlassen und sich bereits – von der Methode weg – rückwärts bewegen. Die bildhafte, schöpferische Verknüpfungsmethode muss „locker laufen" wie ein unbekümmertes Kind. Sobald Sie „dem Kind" die genauen Schritte vorschreiben, verliert es die Macht der Spontaneität.

Wichtig: Sie sollten die Ihnen spontan eingefallenen Bilder vor Ihrem inneren Auge ganz klar umrissen sehen und sich trauen, das Bild so übertrieben, so paradox, so überdimensional, so ausgefallen wie möglich zu gestalten. So prägen Sie es sich besser in das Langzeitgedächtnis ein und assoziieren es sofort mit dem entsprechenden Wort in der anderen Fremdsprache.

Dies verlangt von Ihnen, dass Sie sich konzentrieren und sich sogar „geistig etwas anstrengen". Dadurch – und gerade wegen Ihrer vermehrten Aufmerksamkeit – prägen Sie sich das Wort automatisch in Ihr Langzeitgedächtnis ein.

Hiermit erreichen Sie drei Ziele auf einmal: Sie lernen Fremdsprachen leichter, Sie üben Ihr Gedächtnis und Sie verbessern durch ständige Aufmerksamkeit und Konzentration Ihr gesamtes Erinnerungsvermögen!

Üben Sie noch mit weiteren Verknüpfungsbeispielen:

sediment = Bodensatz

Ich sehe (se) diesen (di) Zement (ment) als Bodensatz.

seldom = selten

In der Firma S. E. L. (sel) steht ein Dom (dom). Und das ist sehr selten!

baboon = Pavian

Der Baby (ba)-Boom (boon) ist bei den Pavianen ausgebrochen. Damit Sie sich daran erinnern, dass dieses Wort nicht mit „m", sondern mit „n" geschrieben wird, schreiben Sie den Pavian-Babys ein großes „N" auf die Brust.

Irgendwann, in einem fortgeschrittenen Stadium, werden Sie beim Vokabelnverknüpfen Ihr direktes, verstandesmäßiges Denken weglassen. Zu diesem Zeitpunkt wird die Methode für Sie viel besser und schneller anwendbar sein. Wenn Sie dann Ihre Fremdwörter noch lockerer, spontaner und schneller lernen und Sie gefragt werden, wie Sie es überhaupt schaffen, dann wird es Ihnen wie dem Tausendfüßler gehen: Dieser wurde einmal gefragt, wie es ihm gelinge, alle seine Beine gleichzeitig zu bewegen. Da dachte der Tausendfüßler nach, und er konnte plötzlich nicht mehr laufen.

Das soll bedeuten, dass der letzte Kunstgriff am besten ohne verstandesmäßige Erklärung funktioniert.

Diese Grenzüberschreitung unseres Denkens zugunsten der schöpferischen Vorstellungskraft erleben Sie dann am schnellsten, wenn Sie diese Methode viel mit Ihren Kindern üben, ohne jedoch in deren Denken korrigierend einzugreifen. Ihr Kind kann zum Wort „himmelblau = azure" die exakte englische Aussprache ['aeze] noch nicht bilden. Es wird wahrscheinlich nach der Schreibweise verknüpfen und sagen: Heute ist der Himmel blau: Ah (a), ich gehe zum (zu) Reh (re)!

Achtung: Akzeptieren Sie das einfach ohne Vorurteile! Eine Eselsbrücke muss nicht logisch sein. Eine lustige, humorvolle oder absurde, spontane Assoziation prägt sich schneller ein und hält viel länger!

Mit wenigen, eventuell ein- bis zweimaligen Wiederholungen prägen sich gute, bildhafte Verknüpfungen für immer ein!

Praxis-Tipp:

Wenn Sie ausdauernd weiterüben, werden Sie feststellen, dass die Verknüpfungen eines Gedächtnisakrobaten sprachlich nicht mehr mitteilbar sind, dass sie jedoch für den betreffenden Menschen trotzdem bestens funktionieren.

Der passende Ausgleich entspannt

Damit Sie sich mit zu viel Lerntechniken und Geistesakrobatik nicht überfordern, ist es wichtig, dass Sie gerade am Anfang immer wieder für einen geeigneten Ausgleich sorgen, wie Urlaub, Freizeit, Spaziergänge, Sport und völliges gedankliches Loslassen der Lernziele. Genügend Schlaf, Vollkornbrot, Nüsse, Haferflocken und Vitamin-B-Produkte helfen zu weiteren Superleistungen.

Individuelles Balancieren lernen

Sie können Entspannung, Loslassen, Vogelperspektive, genügend inneren Abstand durch Urlaub und Meditation nach eigenem Dafürhalten selber wählen. Für Spitzenleistungen müssen Sie die Gegenpole Anspannung und Entspannung, Arbeit und Freizeit individuell balancieren lernen.

Es ist entscheidend im Leben, dass Sie mit einer Spezialisierung beruflich erfolgreich werden, Ihre Fähigkeiten finden und entwickeln und Tätigkeiten suchen oder erschaffen, die Ihnen wirklich Spaß machen. Neben der Spezialisierung sollten Sie jedoch auf die Dauer Einseitigkeiten vermeiden.

Ganzheitliche Entwicklung anstreben

Eine ganzheitliche Entwicklung ist immer mehr anzustreben: Sport für den Körper, Theater, Musik, Natur, Freizeit; Liebe für die

Seele und Lesen, Schreiben, Reden, Forschen, Talententwicklung und Hobbys, um den Geist zu entfalten. Aber bitte langsam, Übung macht zwar den Meister, doch es ist noch keiner vom Himmel gefallen … Mit diesem Training entwickeln Sie eine enorme geistige Willenskraft, sorgen Sie daher für einen entsprechenden gefühlsmäßigen Ausgleich in Ihrer Freizeit wie Wandern in der Natur, gute Filme, Musik, die Sie anspricht, verliebt sein, Urlaub und die Pflege Ihrer individuellen Sehnsüchte.

Wichtig: Pflegen Sie zwischen Wille und Gefühl eine wechselnde Balance. Später brauchen Sie noch eine Balance („zickzackartig" oder „reißverschlussartig") zwischen Denken und Tun, Theorie und Praxis, Lernen und Anwenden, Reden und Zuhören.

Balancing der Gegensätze ist alles

Eine der größten Lebensweisheiten ist das Finden der Mitte, denn: Die goldene Mitte zwischen den Gegensätzen ist das entspannte Leben. Spannungen und Stress entstehen durch fehlende Harmonie, Extreme und fehlendes Balancing.

Lernen Sie schrittweise künftigen Stress zu vermeiden, indem Sie mehr und mehr die Gegensätze im Leben ausgleichen, etwa:

Gegensätze ausgleichen		
Wille	und	Gefühl
Denken	und	Tun
Theorie	und	Praxis
Lernen	und	Umsetzen
Geldeingang	und	Geldausgang
Zuhören	und	Reden
Anspannung	und	Entspannung
Arbeit	und	Ruhe
Außen	und	Innen
Beruf	und	Privat

Je mehr Ihnen dieses Balancieren im Wechsel gelingt, desto harmonischer und entspannter wird Ihr Leben.

Wichtig: Bis Sie die Bedeutung dieser einfachen Technik mit allen Konsequenzen verstehen und stückchenweise anwenden können, werden Wochen und Monate vergehen, doch es ist die ideale Harmoniegrundlage und damit Basis für Ihre innere und äußere Gesundheit.

Beobachten Sie die Balance in der Natur, von Tag und Nacht, Sommer und Winter, Ein- und Ausatmung, Mann und Frau, hell und dunkel etc., und Sie werden das Leben besser verstehen und leichter meistern können.

Balancing und Erfolg

Nicht nur Ihre Gesundheit ist wichtig, sondern auch der leichtere Erfolg. Für den leichteren Erfolg sollten Sie einmal in Ruhe über die Gegenpole Theorie und Praxis nachdenken, beides im Wechsel. Egal was Sie im Leben tun, wenn Sie das Balancing der Gegenpole nur auf die Wissensgebiete anwenden, die Ihnen am meisten am Herzen liegen, dann haben Sie schon eine ganze Menge gewonnen und befinden sich auf einer naturwissenschaftlichen Grundlage.

Deswegen legen viele Trainer im Sinne einer ganzheitlichen Entwicklung großen Wert auf die wechselseitige Ausbildung beider Gehirnhälften.

Der Wechsel der Anwendung von Kopf und Hand, von Denken und Tun ist weitaus entscheidender. Am besten lässt sich dies an den verschiedenen Berufen erkennen: Typische Denker und Kopfberufe können Sie bildhaft analog mit der Luft vergleichen. Die Ausübenden verhalten sich wie Vögel. Vergleichen Sie mit der Natur, und alles wird Ihnen nach und nach klarer werden.

Vokabellernen für Eilige

Die praktisch Tätigen, wie z. B. Handwerker, sind etwas robuster und stehen mit beiden Beinen auf dem Boden. Wir können sie leicht mit allen Tiergattungen vergleichen, die fest mit der Erde verwurzelt sind, vom Elefanten bis zum Maulwurf.

Der Wechsel der Gegensätze

Die praktische Umsetzung ist immer wichtiger als Lernen. Verstehen ist wichtiger als Auswendiglernen. Wenn wir unser Wissen auf Umsetzungsfakten „abklopfen", so können wir mit unserer Vorstellungskraft schneller Strategiemuster entwickeln. Das grundlegendste Strategiemuster aller Umsetzungen ist der Gegensatzvergleich und der Wechsel der Gegensätze, wie Ein- und Ausatmung und Tag und Nacht.

Der Mut zum Anderssein bejaht die eigenen Talente und bildet den Gipfel aller Kreativitäts-Ausbildung. Hierüber lohnt es sich, in Ruhe nachzudenken.

Praxis-Tipp:

Die weise Anwendung dieser Grundsätze ist ein Balancing zwischen innerer Entwicklung im Geiste und im Wissen und äußerer Entwicklung in Taten, im Beruf, im Umgang mit anderen Menschen und in den Finanzen. Beim Balancieren dieser Gegenpole sollte die geistige und innere Entwicklung, also auch eine sinnvolle Freizeitgestaltung nicht zu kurz kommen, weil gerade dies die Wurzel zum Krafttanken und die Quelle positiver Ideen ist.

www.fit-for-business.de

Das Lernen
mit Tonträgern

8

Leicht und passiv lernen

Lange haben Lernforscher und Pädagogen danach gesucht, Lernen zu vereinfachen und allgemein bequemer zu gestalten. Dies ist gelungen: Sie können nun stufenweise Methoden des leichten, passiven Lernens praktizieren.

Das Lernen mit dem Gehör fällt gefühlsbetonten Menschen wesentlich leichter, sie kommen schneller in das akustische Lernen hinein. Willensbetonte Menschen lernen dagegen leichter mit dem Auge. Sie müssen Lerninhalte geschrieben sehen oder sich diese in der Praxis vorstellen können.

Lernen mit Aufzeichnungsgeräten

Das Lernen mit dem Kassettenrekorder oder Tonbandgerät kann mit den bekanntesten Entspannungsmethoden sehr gut gekoppelt werden, zum Beispiel mit Autogenem Training (sehr gut dafür geeignet), mit der Muskelentspannung nach Jacobsen (sehr einfach und in wenigen Stunden erlernbar), Entspannen mit Musikunterstützung (je nach Geschmack), Yoga (benötigt etwas Zeit und Veranlagung), Entspannen mit Bildimagination (Resultate nach ein bis zwei Stunden) und mit anderen Techniken.

Entspannung und Lernzeit

Gerade für Manager ist dies eine sehr zeitsparende Methode, da sie eine Koppelung von Entspannung und Lernzeit ermöglicht. Ein weiterer großer Pluspunkt, den Sie bei diesem Lerntraining feststellen können, ist, dass Sie bei sich in Entspannung weniger Lernstörungen und ein viel leichteres Auffassungs- und Kombinationsvermögen entdecken werden.

Das Lernen in Entspannung liegt auf einer Linie mit Kreativität, Spontaneität, Intuition, Kunst, Musik, Traumsteuerung und Erholung. Am besten funktioniert es im Urlaub, wenn Sie ohne Zeitdruck – und etwas absichtslos gelassen – aus eigenem Interesse lernen.

Doch diesen vorausgeplanten Idealfall haben wir in der Praxis selten.

Praxis-Tipp:

Die besten Resultate mit Lernkursen dieser Art haben wir bei einem langsamen, stufenweisen Einstieg, so dass sich unser Innenleben und unser Unterbewusstsein schrittweise daran gewöhnen können. Entspannung ist ein wichtiger Faktor auf diesem Lerngebiet. Sie erreichen beim Lernen bessere Resultate, wenn Sie nach jeder Viertelstunde Lernen eine kleine Pause von ein bis zwei Minuten einschalten. Diese kurze Zeit reicht aus, um ein wenig zu entspannen und gedanklich nicht allzu weit vom Lernstoff abzuschweifen.

Einige Beispiele aus der täglichen Praxis meiner Kurse zeigen klar die Vorteile der Entspannung.

Beispiele:

Viele Sprachkurse werden abends besucht, Dauer ca. 90 Minuten, einmal wöchentlich. Oft ist der behandelte Inhalt eine Woche später bereits vergessen, sofern in der Zwischenzeit keine Auffrischung des Stoffes vorgenommen wurde.

Der Hauptgrund für dieses Vergessen liegt darin, dass unmittelbar nach dem Sprachkurs zu viele andere Eindrücke aufgenommen werden: Nach dem Unterricht redet man mit Bekannten, hört die Autos vorbeirauschen und begibt sich aus dem Unterrichtsraum heraus. Dadurch bleibt keine Zeit, den gehörten Lernstoff zu verarbeiten. Die Aufnahme ist oberflächlich. Einige fortschrittliche Sprachlehrer erzielten mit folgender Methode sehr gute Resultate:

Es werden nur 80 Minuten Sprachkurs abgehalten. Die verbleibenden zehn Minuten legt der Sprachlehrer eine gute Entspannungskassette in den Rekorder und spielt sie ab. Die vom Tagesablauf beanspruchten Kursteilnehmer entspannen sich sehr rasch.

Der Inhalt des Sprachkurses dringt in tiefere Bereiche der Persönlichkeit, in Richtung Unterbewusstsein und Langzeitspeicher.

Es erfolgt keine sofortige Umschaltung wie bei einem gewöhnlichen Ende des Unterrichts, sondern es ist entspannendes Verweilen auf der Wellenlänge der letzten 80 Minuten gewährleistet, wodurch auch ein Einordnen und Anpassen des Stoffes an bisher Gewusstes – bewusst und unbewusst – geschehen kann.

Das Resultat ist verblüffend. Wir haben Erfolgsquoten von bis zu 30 Prozent mehr Erinnerung festgestellt. Die Resultate sind individuell sehr unterschiedlich und von Persönlichkeitsstruktur und Lerntyp des Einzelnen abhängig. Dieser Effekt wirkt sich auch auf anderen Gebieten vorteilhaft aus.

Ein Abituranwärter aus unseren Kursen legt sich – wenn er länger als eine Stunde Mathematik gepaukt hat – für 20 Minuten mit dem Wecker schlafen und erspart sich dadurch Wiederholungen. Gleichzeitig hat er eine bessere Verarbeitung von Mathematik festgestellt. Es kommt darauf an, länger auf dieser Wellenlänge zu verweilen; das stellt eine wesentliche Konzentrationsverbesserung dar.

An dem Lernen in Entspannung und am Vorschlaf-Stadium ist dennoch mehr dran, als bis jetzt erforscht und bekannt ist. Ähnliche Erfahrungen können Sie bei einem zweitägigen Kurs am Wochenende machen. Wenn Sie nach dem ersten Kurstag nicht genügend ausgeschlafen haben, ist das Resultat am zweiten Kurstag stark beeinträchtigt.

Neben anderen Faktoren braucht eine längere Lernzeit als ein Kurstag Zeit, damit das neue Lernmaterial im Schlaf verarbeitet und dem bisherigen Wissen der Person angegliedert werden kann – wir alle kennen den Spruch vom Schulbuch unter dem Kopfkissen. Und jetzt können wir mit dem Training beginnen.

Lernen beim Einschlafen

Übung: **Vokabeln auf das Band sprechen**

1. Woche

Hören Sie am ersten Abend zehn Vokabeln (zweimal auf Band gesprochen) vor dem Einschlafen an. Sprechen Sie an den folgenden zwei bis drei Abenden jeweils weitere zehn Vokabeln vor dem Einschlafen neu auf und hören Sie sie wieder an. Wer diese Vokabeln beherrscht, spricht für die danach folgenden zwei Abende 15 bis 20 Vokabeln auf eine Kassette auf.

Lernt man die Vokabeln gut in der kurzen Zeit abends, kann man die Menge der Vokabeln individuell aufstocken. Sie können sich auch sofort nach dem Aufwachen Ihre Vokabeln anhören. Oder Sie kaufen sich einen Timer (eine Zeitschaltuhr). Stellen Sie ihn auf die gewünschte Zeit ein, und lassen Sie sich mit Vokabeln aufwecken. Überprüfen Sie, ob Sie die Vokabeln gut auswendig können, testen Sie sich jeweils an dem auf den Abend folgenden Tag, indem Sie jeweils die eine Seite (zum Beispiel Englisch) mit einem Blatt zuhalten, und schreiben Sie die Worte entsprechend der deutschen Bedeutung aufs Blatt.

2. Woche

Mit Suggestionsformeln und/oder Musik führen Sie die erste Woche fort. Die Formel bzw. Musik nehmen Sie auf Band auf, bevor

Das Lernen mit Tonträgern

Sie jeweils die Vokabeln aufsprechen. Es geht darum, das Unterbewusstsein einzustimmen. Benützen Sie zum Beispiel die Formel:

Beispiel:

„Ich lerne gern", „Das Experimentieren mit neuen Lernmethoden macht mir Freude", „Meine Lernfreude steigert sich zur Begeisterung" etc.

Stellen Sie sich eigene Formeln zusammen!

3. Woche

Nehmen Sie Suggestionsformeln oder Einschlafmusik auf Band auf. Lassen Sie nun zehn Minuten das Band, ohne etwas aufzunehmen, leer durchlaufen (Ruhepause). Nun sprechen Sie zehn, 15, 20, 30 oder gar 40 Vokabeln, je nachdem wie weit Sie in den zwei Wochen aufgestockt haben, auf Band. Bis zu 30 Minuten können Sie in der Einschlafphase lernen. Schüler können dies oft bis zu einer Stunde praktizieren, ohne an Schlafmangel zu leiden.

Übung: **Ein Experiment**

Sprechen Sie 20 bis 30 Vokabeln mit der deutschen Bedeutung auf Kassette, und lassen Sie die Kassette während der Einschlafphase abspielen. Sorgen Sie dafür, dass sich der Rekorder anschließend von selbst abschaltet, so dass Sie gleich danach von der Einschlaf- in die Weiterschlafphase sinken können. Lassen Sie die Kassette beim Aufwachen oder während Ihrer Morgentoilette vor dem Spiegel nebenher laufen. Sie werden überrascht sein, wie leicht Sie diese Vokabeln lernen.

Wussten Sie, dass es Ingenieure und Techniker gibt, die mit der Problemvorstellung einer Maschine oder eines Motors abends einschlafen und morgens mit der fertigen Lösung aufwachen? Auch Erfinder arbeiten manchmal so.

Positive Ereignisse vorstellen

Bevor Sie diese Technik anwenden können, sollten Sie vor dem Einschlafen alle Positiverlebnisse aus Ihrer Schulzeit, Studienzeit und Berufszeit als Bildausschnitte erinnern, so dass Sie beim Einschlafen von zehn Erinnerungsbildern die drei besten auswählen können.

Nehmen Sie Bilder, in denen Sie eine gute Note geschrieben haben, Ihre Eltern Ihr Talent bewundert haben, Sie eine Prüfung bestanden und Ihr Vorgesetzter mit Ihrer Arbeit zufrieden war. Versetzen Sie sich beim Einschlafen an den Ort des Erfolgserlebnisses und in den Zeitpunkt, in dem Sie sich gefreut haben.

Nachdem Sie dies einige Tage gemacht haben, werden die positiven Bilder in Ihrem Unterbewusstsein dominieren, das ist wichtig für weitere Erfolge.

Stellen Sie sich einige Bilder und Szenen aus Ihrem Leben vor, von Tätigkeiten und Hobbys, die Sie gerne tun, und nehmen Sie diese Tätigkeitsbilder mit dem intensiven Wunsch in den Schlaf, damit eine Verbesserung, eine Abkürzung oder eine nächste Stufe zu erzielen. Ich weiß von einem Tischtennismeister, dass ihm nachts um zwei im Traum der passende Konterschlag eingefallen ist, mit dem er seinen schwersten Gegner besiegen könnte. Er ist kurz aufgewacht, hat diese Variante aufgeschrieben, um danach umso intensiver und ruhiger wieder einzuschlafen. Die Bildmuster von Szenen und Handlungsabläufen spinnen sich im Schlaf nach einem anderen Muster weiter, weil die bewusste Kontrolle durch das Denken fehlt. Dadurch können Sie zu neuen kreativen Verknüpfungen finden, die Sie im wachen Zustand niemals entdeckt hätten.

Erweitern Sie Ihre Sprachkenntnisse

Fertigen Sie eine sinnvolle Entspannungs-Lernkassette selbst an. Nehmen Sie eine Leerkassette und sprechen Sie deutlich und langsam die nachfolgenden unregelmäßigen Verben auf diese Kassette.

to awake	awoke	awoke	auf-, erwachen
to bear	bore	born(e)	(er-)tragen, gebären
to beat	beat	beaten	schlagen
to become	became	become	werden
to begin	began	begun	beginnen, anfangen
to bend	bent	bent	(sich) beugen, biegen
to bid	bade	bidden	heißen, gebieten
to bind	bound	bound	binden
to bite	bit	bitten	beißen
to blow	blew	blown	blasen
to break	broke	broken	brechen
to breed	bred	bred	brüten; züchten; erziehen
to bring	brought	brought	(her-)bringen
to build	built	built	bauen
to burn	burnt	burnt	brennen
to burst	burst	burst	bersten, brechen
to buy	bought	bought	kaufen
to cast	cast	cast	werfen
to fight	fought	fought	(be-)kämpfen

Es ist sinnvoll, sich diese unregelmäßigen englischen Verben sehr gut einzuprägen, da Sie diese beim Gebrauch der englischen Sprache ständig wieder verwenden werden.

Dadurch, dass Sie die Verben mit der eigenen Stimme aufgesprochen haben, gewöhnt sich Ihr Unterbewusstsein schneller daran, sie aufzunehmen, da die eigene Stimme leichter akzeptiert wird als eine fremde.

Selbstverständlich dient jedes Arbeiten mit diesen unregelmäßigen Verben der Einprägung. So ist das Auf-Band-Sprechen natürlich auch eine Lernvorbereitung.

Übung: **Den Alpha-Zustand herbeiführen**

Setzen oder legen Sie sich in ruhiger Atmosphäre bequem hin und entspannen Sie sich. Nach Einübung des Autogenen Trainings erreichen Sie (wie allgemein bekannt) das gewünschte Entspannungsergebnis in wenigen Minuten. Dies ist erstrebenswert. Für alle, die das Autogene Training nicht erlernt haben, zeige ich hier eine andere Technik, die den lernfördernden Entspannungszustand mit wenig Übungsaufwand in kürzerer Zeit hervorruft. Alle Entspannungsmethoden verbessern die Einschlaffähigkeit und gleichzeitig die Schlaftiefe, was wiederum intensiven Lernphasen sehr zugute kommt.

Nachdem Sie es sich bequem gemacht haben, beobachten Sie Ihren Atem, ohne ihn willentlich beeinflussen zu wollen. Wenn Sie als stiller Beobachter dem Atem einfach zuschauen und ihn in seinem Rhythmus strömen lassen, so haben Sie die natürlichste Bewusstseinsentspannungs- und Vertiefungsmethode vor sich. Durch die reine Atembeobachtung tritt mit der Zeit ein besonderes Phänomen ein: Ihr Atem wird von selbst langsamer, ohne dass Sie das Geringste dazu tun müssen. So ist es natürlich und gesund.

Dieses langsamer Werden äußert sich durch eine gedehnte und lang gezogene Ein- und Ausatmung sowie durch längere Zwischenpausen vor der Umschaltung auf das Gegenteil; also von der Ein- auf die Ausatmung. Genießen Sie die dadurch entstehende Ruhe! Lassen Sie sich von diesem angenehmen Rhythmus zu den Quellen Ihres eigenen Bewusstseins tragen. Ihre Seinswahrnehmung vertieft sich, Ihr Bewusstsein wird feiner, und Ihr Sprachgefühl sensibilisiert sich. Ihre intuitive Menschenkenntnis wächst bis zu einem solchen Ausmaß, dass Sie die Gedanken und Intuitionen anderer Mitmenschen erfühlen und erspüren können. Tauchen Sie mit der Zeit ruhig tiefer ein. Dies erleichtert künftig ihr Lernen.

Beispiel:

Unterstützen Sie das Erlebnis tiefster Ruhe imaginativ auf Ihre eigene, persönliche Art: Sie können sich zum Beispiel eine Schaukel vorstellen, mit der Sie bei der Einatmung aus dem Körper herausschwingen. Mit der Verlängerung und Vertiefung des Atmens verlängert und verlangsamt sich auch die Schaukelbewegung. Übergroße Genauigkeit ist nicht erforderlich und würde die tiefe Ruhe nur in eine intensive Konzentration umwandeln.

Oder wählen Sie ein Freizeit- und Urlaubsbild: Träumen Sie sich gedanklich an einen weißen oder goldgelben Meeresstrand. Die Sonne scheint Ihnen ins Gesicht, und der Himmel ist strahlend blau. Mit dem Einatmen verbinden Sie das Heranrauschen der Meereswellen auf den Strand, und mit dem Ausatmen fließen die Meereswellen wieder zurück. Fühlen Sie sich ganz wohl und geborgen dabei, wie in einer warmen, weichen Schale. Es ist Ihnen so, als ob Sie sich innerlich zulächeln würden. Wenn Sie diesen erquickenden Zustand erreicht haben, verweilen Sie darin, so lange Sie können. Dazu müssten Sie natürlich von Anfang an genügend Zeit einplanen.

Sollten Sie anfangs dabei einschlafen, ist dies nicht weiter schlimm. Machen Sie aber keine Gewohnheit daraus! Das Fernziel ist, den Körper ruhen oder schlafen zu lassen und Ihr Bewusstsein in einem sehr wachen, sehr bewussten Zustand zu halten. Wenn Ihr Bewusstsein – wie während des Schlafs – nicht mit den Funktionen und Ablenkungen des Körpers beschäftigt ist, so ist es wirksamer, wacher, aufnahmefähiger, intelligenter.

Wie Murmeltiere im Winterschlaf

Dieser Zustand ist als so genannter Alpha-Zustand messbar und damit nachgewiesen. Tiefere Bewusstseinszustände (eigentlich müsste es „höhere" heißen) werden mit weiteren Buchstaben des griechischen Alphabets bezeichnet und reichen – nach einem langen Meditationstraining – bis zur Schmerzunempfindlichkeit. Der Geist ist dann weniger an den Körper gebunden und schweift freier umher. Durch die Atembeobachtung nähern wir uns dem Zustand der Murmeltiere im Winterschlaf an, die in diesem Ruhezustand eine geringe Atem-, Herz- und Pulsfrequenz aufweisen.

Ich erkläre Ihnen diese Zusammenhänge, um Sie durch die Vorstellung weiterer Erfolge zu einem längeren und ausdauernderen Üben zu motivieren, und: Diese Übung ist simpel und einfach. Mahatma Gandhi, der mit seiner gewaltigen Geisteskraft seinem Land zur Befreiung von der Vorherrschaft der Engländer verhalf, erreichte solche Zustände bis zur Schmerzunempfindlichkeit.

Praxis-Tipp:

Beobachten Sie den Atemrhythmus eines Menschen, der tief schläft: Die Atemzüge sind sehr langsam, lang und ausgedehnt. Die Zwischenpausen sind ebenfalls länger. Genau das benötigen wir heute in unserem hektischen, betriebsamen und zu sehr nach außen gerichteten Weltgeschehen als gesunden Ausgleich. Außerdem verlängern Sie Ihre Lebensdauer mit solchen Übungen.

Das Lernen mit Tonträgern

Yogananda beschreibt dies in seinem sehr empfehlenswerten Buch „Autobiographie eines Yogis" genauer als Vorstufe des so genannten Kriya-Yogas, welches schon nach kurzer Zeit des Praktizierens Ihre Lern- und Geistesleistungen gewaltig verbessern kann.

Übung: **Vokabellernen mit zwei Sinneskanälen**

Im Entspannungszustand schalten Sie Ihren Kassettenrekorder ein und hören sich die aufgenommenen unregelmäßigen Verben an. Diese haben Sie am besten zuvor so aufgesprochen, dass Sie zuerst die deutsche und dann die englische Bedeutung langsam, klar und deutlich nennen. Während Sie sich im entspannten Zustand von Ihrer eigenen Stimme berieseln lassen, lesen Sie in den anfänglichen leichteren, weniger tiefen Entspannungsstadien die unregelmäßigen Verben in diesem Buch mit. So prägen Sie sich nicht nur die richtige Schreibweise besser ein, sondern Sie nehmen über zwei Sinneskanäle gleichzeitig wahr, wodurch sich Ihre Lernleistung mehr als verdoppelt und vor allem Ihr Langzeitgedächtnis maximal wächst. Dies ist das kombinierte Lernen mit zwei Sinneskanälen.

Übungsvariante: Aktives und passives Lernen

In den von Ihnen später erreichbaren, noch tieferen Entspannungsstadien hören Sie sich die Kassette ohne das Mitlesen im Buch an und behalten die Augen geschlossen. Um den Entspannungszustand besser beibehalten zu können, stellen Sie sich, während Sie die englischen Wörter hören (die Sie betont langsam und ruhig auf Band gesprochen haben), die Fremdwörter innerlich klar und deutlich selbst geschrieben vor. Die Verbindung beider Lernmethoden – des aktiven Lernens mit den Augen und des passiven Lernens über das Ohr – verbessert in tiefer Entspannung Ihren Lernerfolg.

Gerade dadurch, dass Sie die Ergebnisse von Auge, Ohr und Tiefenentspannung kombinieren, bringen Sie sich einige Treppenstufen höher in Ihrer gesamten Lernleistung und in der Entwicklung Ihrer angrenzenden geistigen Fähigkeiten wie Kreativität, Intuition, Sensibilität, Feingefühl, Willenskraft, Denker- und Erfindergabe und Einsicht. Zur Erreichung solcher „höheren Ziele" ist eine harmonische Lebensführung förderlich.

Dieses höhere Ziel ist die Spitze der Maslowschen Bedürfnispyramide der Selbstverwirklichung, der Erschaffung Ihrer selbst: „Ich bin, der ich bin, und ich weiß, dass ich bin", und auch „Ich denke, also bin ich" nach Descartes.

Praxis-Tipp:

Eifern Sie niemandem nach, sondern seien Sie einfach Sie selbst. Jeder Mensch verbessert sich in seiner eigenen Art, in der Verwirklichung seiner Gedanken und Ideen am besten. Genauso, wie der Verkäufer sich selbst verkaufen muss, geht jeder Mensch von sich aus.

Doch zurück von unserem kleinen philosophischen Exkurs zum Lernen der unregelmäßigen Verben.

Sie werden feststellen, dass Sie nach einigen Tagen Übung und Wiederholung die Hälfte oder zwei Drittel der Verben beherrschen. Personen, die aus der Gewohnheit des regelmäßigen, lebenslangen Lernens und sich Weiterbildens etwas heraus sind (nach einer IBM-Studie verlernt der durchschnittliche Erwachsene das Lernen schon innerhalb von vier Jahren), können Sie sich für das Einprägen der unregelmäßigen Verben auch einige Wochen Zeit lassen, bis Sie sich doch wieder an das Lernen gewöhnen und durch Erwerb der in diesem Buch geschilderten Fähigkeiten in kürzerer Zeit mehr Lernstoff denn je aufnehmen und gedanklich verarbeiten. Hierzu sind auch das Verstehen und die eigene Einschätzung des Gelernten (etwa nach Wichtigkeiten und in Bezug auf ein Ziel) grundlegende Voraussetzung. Die Amerikaner haben es inzwischen nachgewiesen: Intelligenz ist lernbar, trainierbar und steigerbar. Wohlgemerkt: nur die bereits vorhandene Intelligenz!

Deswegen wächst die Intelligenz bei einigen wenigen Menschen recht schnell und bei vielen anderen langsamer. Zum Ausklang dieser Übung kreuzen Sie die Verben an, die Sie noch nicht perfekt beherrschen. Sprechen Sie diese auf eine neue Kassette, und – wenn es wenige sind – sprechen Sie 20 weitere Vokabeln aus einem Buch noch zusätzlich auf. Viel Erfolg damit!

Das Optimum herausholen

Protokoll der Erkenntnisse

Erfolg ist lernbar; egal, ob er in kleinen oder großen Schritten produziert wird. Schreiben Sie Ihre Erkenntnisse in ein Tagebuch. Alle Erkenntnisse, die Sie beim Lernen haben, sind die Grundlage, um in Zukunft mit weniger Aufwand mehr lernen zu können. Arbeiten Sie an Ihren Stärken und Schwächen wie ein Bildhauer! Die Anschaffung des Buches ist Ihr Vorteil: Ihre Änderungsbereitschaft bringt Sie weiter.

Ein Höchstmaß an Lernen durch „Bewegung"

Je mehr „Bewegung", desto mehr Lernchancen: Deswegen ist Erfahrung so kostbar.

Achtung: Tun Sie etwas. Tauschen Sie Ihre neuen Erkenntnisse und Fertigkeiten mit sympathischen Personen in Ihrer Umgebung aus. Ihr Wissen wird von neuen Blickpunkten aus beleuchtet. Sprechen Sie mit interessierten Menschen: Die Summe der Anwendungs-, Steigerungs- und Übertragungsmöglichkeiten erhöht sich automatisch.

Ihre Chancen wachsen erst langsam und dann schneller und stetiger. Kombinationen tun sich auf; Ihr Leben wird allgemein interessanter, Ihr Selbstvertrauen wächst. Vielleicht planen Sie einmal einen Auslandsurlaub, um Ihre Sprachkenntnisse an Ort und Stelle noch gekonnter zu verbessern. Selbstentfaltung macht umso mehr Spaß, je mehr Sie sich schon entfaltet haben. Sprachen und Vokabeln lernen sind oft nur der Anfang.

Anderen Nutzen bieten

Sicher treffen Sie, zum Beispiel bei einem Sprachkurs, andere Menschen, die auch Sprachen lernen wollen. Diese Menschen und Ihre Freunde werden für die Tipps, die Sie durch Studium, Übung und Anwendung dieses Buches gewonnen und vertieft haben, sehr dankbar sein.

Wichtig: Helfen Sie! Geben Sie Tipps und Anregungen weiter. Lassen Sie so viel Positives wie möglich nach außen fließen – und Positives wird zurückkommen.

Machen Sie sich nützlich. Konstruktives zu tun hebt die Stimmung beachtlich. Gehobene Stimmung verhilft zu leichterem Lernen und zu besseren Gesprächen mit den Menschen Ihrer Umgebung.

Namens- und Gesichtertraining

9

So merken Sie sich Namen und Gesichter

Übung: **Namen- und Gesichtertraining**

In der folgenden Übung testen Sie Ihre Fähigkeit, sich Namen und Gesichter zu merken. Merken Sie sich die zuerst abgebildeten Gesichter in Verbindung mit den darunter stehenden Namen. Danach finden Sie die zehn Gesichter in vertauschter Reihenfolge und ohne Namen wieder. Ordnen Sie dort bitte jedem Gesicht seinen richtigen Namen zu, ohne dabei nachzuschauen. Sie haben dafür fünf Minuten Zeit.

Herr *Gottmann*

Herr *Brauer*

Herr *Rued*

Herr *Turak*

Herr *Schreiner*

Herr *Teisig*

Herr *Nuskowsky*

Herr *Hollberger*

Herr *Behr*

Herr *Rausch*

Hier sehen Sie nun die Personen ohne Namen. Schreiben Sie die Namen bitte mit Bleistift unter die Gesichter:

Wie ist die Übung ausgefallen? Lassen Sie sich bitte keine grauen Haare wachsen, wenn Sie nicht alle Namen behalten haben oder wenn Sie die Namen nicht auf Anhieb den richtigen Gesichtern zuordnen konnten. Lesen Sie das nächste Kapitel, und Ihr Personen- und Namensgedächtnis wird sich in kürzester Zeit erheblich verbessern.

„Den habe ich schon irgendwo gesehen …"

Es ist bestimmt unangenehm oder sogar peinlich, wenn Sie die Namen von Personen, die Ihnen wichtig sind, verwechseln oder vergessen. Mit Recht könnten diese Menschen annehmen, Sie hätten kein Interesse an Ihnen. Jeder Mensch fühlt sich angenehm berührt oder geschmeichelt, wenn Sie ihn mit seinem Namen ansprechen, vor allem, wenn seit der letzten Begegnung schon einige Zeit verstrichen ist. Wenn Sie das folgende Personengedächtnistraining absolviert haben, wird das kein Problem mehr für Sie sein.

Oft wird der Name, nicht das Gesicht vergessen

Wir alle hören oft den Satz: „Ich habe diesen Menschen schon irgendwo gesehen. Ich kann mich an sein Gesicht erinnern, an den Gang, die Stimme – aber der Name fällt mir nicht ein." Fast immer wird der Name, nicht das Gesicht vergessen, weil die meisten Menschen sehorientiert sind. Vielleicht hat man sich den Namen von Anfang an nicht richtig eingeprägt, oder es kamen andere Eindrücke hinzu – und schon war er vergessen. Möglicherweise hat man ihn bei der Vorstellung von vornherein nicht richtig verstanden. Das passiert leider sehr häufig.

> **Praxis-Tipp:**
>
> Derjenige, der sich vorstellt, murmelt seinen Namen oft nur so vor sich hin. Fragen Sie bitte nach, wenn Sie ihn nicht verstanden haben. Wiederholen Sie ihn auch während der Unterhaltung öfter (natürlich ohne zu übertreiben); er prägt sich dann wesentlich besser ein.

Das Einprägen von Namen ist im Berufsleben und im privaten Bereich wichtig – seien es die Namen von Kunden, Klienten, Patienten, Kollegen, Vorgesetzten oder Untergebenen oder von Bekannten. In diesem Kapitel werden Sie lernen, sich Namen – selbst schwierige Namen, richtige Zungenbrecher – mühelos einzuprägen.

Es gibt zwei Kategorien von Namen:

- Namen, die etwas aussagen, die eine konkrete Bedeutung haben

- Namen, die ohne jede Bedeutung sind – die uns nichts sagen

Namen, die etwas aussagen

Unter den Namen, die etwas aussagen, gibt es viele, die man in die Kategorie der Berufe einordnen kann: Bäcker, Fischer, Müller, Zimmermann usw. Auch Tiernamen sind häufig: Wolf, Fuchs, Vogel, Bär usw. Eine andere Namensgruppe besteht aus zusammengesetzten konkreten Begriffen: Goldmund, Baumgarten, Hartmann, Neumann, Kochendorf usw.

Eine Gruppe von Namen gewinnt durch leicht veränderte Schreibweise oder durch Weglassen oder Hinzufügen von einem oder zwei Buchstaben eine gegenständliche Bedeutung: Bardt, Floss, Tanner, Blum usw.

Wie müssen wir vorgehen, um uns Familiennamen so einzuprägen, dass wir sie nie wieder vergessen?

Unsere Berufsnamen

Angenommen, die Ihnen vorgestellte Person heißt Müller. Stellen Sie sich Ihren neuen Bekannten vor, wie er in seinem Anzug oder sogar im Smoking – je nachdem, in welchem Kleidungsstück Sie ihn kennen gelernt haben – die schweren Getreidesäcke zur Mühle schleppt. Sehen Sie ihn in Ihrer Vorstellung ganz deutlich, wie er gebückt geht und vielleicht über das Gewicht stöhnt.

Ähnlich verfahren Sie mit allen Namen der Berufssparte.

Tiernamen merken

Sehen Sie Frau Bär, wie sie zur Gesellschaft geht und einen Tanzbären an der Leine führt? Oder Herrn Fuchs, wie er sich in seinem Bau verkriecht?

Die zusammengesetzte Namensgruppe

Herrn Kochendorf lassen Sie mit Schürze und Kochhaube mitten in einem kleinen Dorf stehen und in einem riesigen Kessel über einem großen Feuer für alle Dorfbewohner kochen.

Namen mit etwas anderer Schreibweise

Herr Bardt bekommt einen wunderschönen langen Bart, der ihm bis zur Brust reicht. Frau Floss hat statt ihrer Hände Flossen, und Herr Tanner bemüht sich gerade, eine Tanne heimzuschleppen, die er im Wald abgesägt hat.

Namen ohne Bedeutung merken

Wenn wir einen Namen hören, der keine Bedeutung hat, der uns nichts sagt, dann müssen wir ihm mit Hilfe unserer Phantasie eine Bedeutung geben, denn abstrakte Wörter sind schwerer zu behalten.

Übung: Abstrakte Namen merken

Wir denken uns ein Wort aus, das so ähnlich klingt wie der Name – ein so genanntes Ersatzwort. Dabei ist lediglich der Kern des Wortes wichtig; wenn Sie diesen in Ihrem Gedächtnis gespeichert haben, fällt Ihnen der Rest automatisch ein. Dazu verhilft Ihnen Ihr natürliches Gedächtnis, das trotz der Gedächtnisstützen immer noch existiert.

Nehmen wir an, bei einer Konferenz wird Ihnen ein Herr Traimer vorgestellt. Wie merkt man sich diesen Namen? Welches Ersatzwort fällt Ihnen dazu ein?

Sie könnten ihn sich vielleicht als Träumer vorstellen oder als Traumwandler, wie er mit vorgestreckten Armen und geschlossenen Augen auf dem Dach wandelt.

Einer Ihrer Kunden hat den ausgefallenen Namen Lambro. Wie merken Sie sich diesen Namen?

Das ist schon ein sehr schwieriger Fall. Hier braucht man gleich zwei Ersatzwörter. Sagen Sie den Namen noch einmal vor sich hin: Lam-bro. Fällt Ihnen etwas auf? Lambro klingt wie „Lamm" und „Brot". Jetzt müssen Sie sich nur noch ein möglichst einprägsames Bild dazu einfallen lassen.

Nichts leichter als das: Herr Lambro geht mit einem Laib Brot unter dem Arm und einem scharfen Messer in der Hand auf die Weide, um ein Lamm zu schlachten.

Auf einer Party lernen Sie einen Herrn Turak kennen. Wie prägen Sie sich diesen Namen ein?

_____

Kein Problem. Herr Turak macht eine Tour im Frack. Sehen Sie ihn im Frack einen Gipfel erklimmen oder auf dem Fahrrad sitzen, und Sie werden seinen Namen nie wieder vergessen. Und jetzt versuchen wir es einmal mit einem richtigen Zungenbrecher: Herr Nuskowsky.

Welche ähnlich klingenden Ersatzwörter fallen Ihnen dazu ein? Suchen Sie welche, und überlegen Sie sich ein originelles Bild dazu:

_____

Ihre Lösung könnte etwa so aussehen:

Herr Nuskowsky fährt mit einer Nuss auf dem Kopf Ski. Sehen Sie, wie gerade er sich halten muss, damit die Nuss nicht herunter fällt?

Es spielt keine Rolle, wie weit Sie in Ihrer Absurdität gehen. Je unsinniger das Ersatzwort, umso einprägsamer ist es. Sie werden merken, wie unglaublich erfinderisch Sie mit der Zeit werden und wie sehr Sie damit Ihre Phantasie und Ihr Gedächtnis schulen. Nur durch Übung kommt man auf die verschiedensten Kombinations-möglichkeiten.

Aber, werden Sie sagen, was nützt es mir, wenn ich mir all diese Namen merken kann? Damit allein ist mir noch nicht geholfen. Wichtig ist doch, dass ich mir auch die Gesichter einpräge und sie den richtigen Namen zuordnen kann.

Das ist unsere nächste Übung.

Übung: Gesichtertraining

Fällt es Ihnen schwer, sich Gesichter zu merken? Dieses Problem lässt sich mit wenig Training leicht beheben. Zunächst einige grundsätzliche Ratschläge und Anregungen zum Einprägen von Gesichtern:

Interessieren Sie sich für menschliche Gesichter, studieren Sie sie. Schauen Sie sich die Gesichter der Menschen, die Ihnen auf der Straße entgegenkommen oder die Ihnen im Restaurant gegen-übersitzen, genau an.

Was sehen Sie?

Die linke Hälfte eines Gesichts ist immer etwas anders als die rechte Hälfte des Gesichts.

Bei manchen Gesichtern ist die Oberpartie mehr betont; bei anderen mehr die Mittel- oder Unterpartie.

Fast jedes Gesicht – selbst wenn es Ihnen auf den ersten Blick alltäglich erscheint – hat irgendein hervorstechendes Merkmal, etwas, was Ihnen besonders auffällt.

Das ist für unsere Methode von entscheidender Bedeutung: Wichtig ist, dass Ihnen am Gesicht Ihres Gegenübers ein für Sie auffallendes Merkmal ins Auge sticht, wie eine dicke Nase, leb-hafte Augen, hohe Stirn, fleischige Lippen, große oder abstehende Ohren, langer Bart, markante Falten, Linien oder Narben, Glatze, hervortretende Backenknochen usw. Wenn Sie nicht gleich auf Anhieb so ein Merkmal finden, weil Sie ein so genanntes „Dutzendgesicht" vor sich haben, studieren Sie das Gesicht genauer und beobachten Sie auch die Mimik Ihres Gegenübers. Dann wird Ihnen mit Sicherheit irgendetwas auffallen. Wenn Sie diese Methode anwenden und regelmäßig üben, wird es Ihnen nicht schwer fallen, sich Gesichter einzuprägen.

Jetzt müssen Sie nur noch eine Brücke zwischen dem Gesicht und dem Ersatzwort schlagen, das Sie für den Namen der betreffenden Person gefunden haben. Vielleicht ahnen Sie bereits, wie man dabei vorgeht. Denken Sie daran: Unser Gedächtnistraining beruht auf dem Prinzip der Assoziation, der Verknüpfung. Verbinden Sie einfach das auffallende Merkmal im Gesicht des Menschen mit dem Namensbild.

Lassen Sie sich eine unmögliche Verknüpfung – Assoziation – einfallen. Je verrückter, desto einprägsamer. Je gegenständlicher, desto leichter merkbar. Je abstrakter, desto weniger einprägsam. Beispielsweise:

Frau Knoll trägt die Haare hinten zu einem Knoten zusammengebunden.

Der Knoten erinnert uns an eine Sellerieknolle.

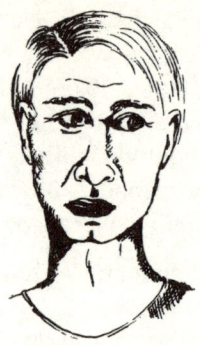

Herr Kämmler ist noch immer sorgfältig frisiert. Wir denken uns seinen Kamm noch in den Haaren steckend. Dieser Kamm wird uns automatisch an den Namen Kämmler erinnern.

Herr Krauter hat eine Frisur wie der Struwwelpeter.

Wir sehen vor unserem geistigen Auge, wie seine Haare sich zu Kräutern formen.

Wichtig: Anfangs sollte Ihr Bild so ausgeschmückt und reich an Details wie möglich sein. Später, nach einigen Tagen oder Wochen Training, genügen schon ganz wenige Erinnerungsstützen. Wenn Ihnen im Gesicht des betreffenden Menschen beim besten Willen kein markantes Merkmal auffällt, können Sie sich auch auf andere Eigenheiten stützen, zum Beispiel auf die Sprechweise, die Gangart, die Haltung, die Gebärden und Ähnliches. Je mehr Übung Sie haben, umso rascher wird es Ihnen gelingen, ein passendes Ersatzwort für den Namen, ein geeignetes Merkmal und von beidem eine möglichst originelle Verbindung zu finden.

Testen Sie Ihr Personengedächtnis

Übung: **Testen Sie Ihr Personengedächtnis**

Erinnern Sie sich noch an den ersten Test zum Personengedächtnis?

Wiederholen Sie ihn jetzt noch einmal und Sie werden feststellen, dass Ihr Namens- und Gesichtergedächtnis sich in der Zwischenzeit verbessert hat. Merken Sie sich die folgenden Gesichter in Verbindung mit den darunter stehenden Namen.

Herr *Gottmann* Herr *Brauer* Herr *Rued* Herr *Turak*

Herr *Schreiner* Herr *Teisig*

Herr *Nuskowsky* Herr *Hollberger* Herr *Behr* Herr *Rausch*

Und jetzt ordnen Sie jedem Gesicht den richtigen Namen zu! Sie haben fünf Minuten Zeit.

Wie ist der Test dieses Mal ausgefallen? Sicherlich wesentlich besser als beim ersten Mal. Sie haben inzwischen ein photographisches Gedächtnis entwickelt und Ihr Erinnerungsvermögen entscheidend verbessert.

Diese wertvolle Fähigkeit können Sie sich aber nur bewahren, wenn Sie regelmäßig üben und Ihr bildhaftes Denkvermögen, Ihre Assoziationsfähigkeit ständig trainieren.

Übung macht den Meister

Wenn Sie nicht regelmäßig und konsequent üben, wird Ihre Gedächtnisleistung schnell wieder nachlassen. Der Alltag bietet Ihnen unzählige Gelegenheiten, Ihr Namens- und Gesichtergedächtnis zu trainieren – spielerisch und ganz nebenbei, ohne viel Mühe oder Zeit zu investieren. Dazu gibt Ihnen dieses Kapitel einige Anregungen.

Trainieren Sie Ihr Vorstellungsvermögen. Denken Sie an einen Menschen, den Sie gern haben, und sehen Sie das Gesicht dieses Menschen im Geiste vor sich.

Stellen Sie sich bildhaft vor, wie Sie diese Person schminken würden oder wie sie beim Friseur verschönert wird. Was für eine neue Frisur würde zu ihr passen?

Stellen Sie sich ein Porträtfoto dieses Menschen vor. Sehen Sie ihn als Foto im Personalausweis, als Titelbild einer Zeitschrift oder als Plakat an der Litfaßsäule. Diese Variationen werden Ihnen dabei helfen, sich das Gesicht deutlicher zu vergegenwärtigen. Stellen Sie sich diese Person als Gesprächspartner vor – mit intensivem Wortschwall, Mimik und Gestik.

Erinnern Sie sich in einer ruhigen Stunde – bei einer Bahnfahrt, vor dem Einschlafen oder im Urlaub – an Personen und Gesichter aus Ihrer Jugendzeit: die Gesichter Ihrer Eltern, wie sie damals aussahen, Lehrer, Freunde, Filmstars und Politiker jener Zeit. Je besser sich Ihr Vorstellungsvermögen entwickelt, umso leichter können Sie sich diese Bilder vergegenwärtigen, und umso klarer sehen Sie die Gesichter vor sich. Sie sollten sich noch genau an einzelne Szenen, Nuancen, Gesichtszüge, Fernsehbilder, Rednerpositionen, erstaunte, lachende, glückliche und ernste Gesichter erinnern können.

Übung: Gesichter „verinnerlichen"

Wenn Sie am Bankschalter warten (oder im Bus, am Flughafen, im Lebensmittelladen und am Zeitungskiosk), versuchen Sie, mit einem Blick das Gesicht des Schalterbeamten zu erfassen. Schauen Sie dann sofort auf eine möglichst leere Wand und sehen Sie imaginativ dieses Gesicht an der Wand vor sich, vielleicht etwas größer als in natura. (Wenn keine leere Fläche in der Nähe ist, auf die Sie das Bild projizieren können, sehen Sie es mit geschlossenen Augen vor sich.)

Schauen Sie dann zum Vergleich auf das Gesicht des Schalterbeamten. Sicherlich entdecken Sie einige weitere Einzelheiten, die Ihnen beim ersten Hinsehen entgangen sind. Dann blicken Sie wieder zur Wand und projizieren Sie diese neu entdeckten Details in Ihr geistiges Bild hinein. So wird Ihre Vorstellung von dem Gesicht des Mannes nach und nach immer genauer. Sie sollten durch Übung die Fähigkeit erwerben, ein einmal gesehenes Gesicht innerlich sofort als Kopie zu reproduzieren.

Wenn Sie diese Übung regelmäßig wiederholen, werden Sie bald merken, wie Ihre Konzentrationsfähigkeit wächst. Je länger Sie ein geistiges Eindrucksbild klar vor Ihrem inneren Auge halten können (etwa eine Minute), umso besser ist Ihre Konzentration. Nach und nach werden Sie ausführlichere Zusammenhänge und komplexere Bilder besser behalten, wie zum Beispiel die Umgebung, in der Sie jemanden getroffen haben, Einzelheiten aus einem Katalog, einer Betriebsbesichtigung oder einer technischen Zeichnung, die Spielkarten beim Skat oder einen Stadtplan.

Übung: **Namen „angewöhnen"**

Wenn Sie eine Mitarbeiter- oder Kundenkartei haben, sprechen sie sich die zu merkenden Namen auf Kassette auf. Das empfiehlt sich vor allem, wenn es viele – etwa mehr als 100 – sind. Hören Sie sich die Kassette in einer ruhigen, entspannten Stunde an; so tritt ein hoher Gewöhnungseffekt an die Namen ein. Diese Übung eignet sich vor allem bei japanischen, chinesischen und anderen ausländischen oder schwer aussprechbaren Namen. Stellen Sie sich die Gesichter der Leute vor, während Sie die Namen hören!

Überanstrengen Sie Ihre Willenskraft und Vorstellungsgabe bei diesen Übungen bitte nicht. Üben Sie langsam ansteigend und dafür beharrlich und stetig.

Seien Sie kreativ, und stellen Sie sich selbst Übungen zusammen. Schneiden Sie aus einer Zeitschrift zehn Gesichter aus, wählen Sie willkürlich Namen dazu aus dem Telefonbuch, verknüpfen Sie Namen und Gesichter, und wiederholen Sie dasselbe am nächsten Tag.

Motivation durch Ziele

Motivieren Sie sich durch Zielbilder. Stellen Sie sich vor, wie Sie bei einer Gartenparty, Vereinsversammlung oder Konferenz alle Personen mit Namen begrüßen können!

Das ist keineswegs nur eine Wunschvorstellung, sondern lässt sich mit spielender Leichtigkeit verwirklichen, wenn Sie ein paar Ratschläge beherzigen.

Leider hat sich manchmal die Unsitte eingebürgert, mehrere Personen hintereinander sehr rasch vorzustellen. Oft werden auch noch die Namen undeutlich ausgesprochen, so dass es fast unmöglich ist, sich die Namen und Gesichter der vorgestellten Personen zu merken. Machen Sie es sich zur Gewohnheit, immer nachzufragen, wenn Sie einen Namen nicht verstanden haben. Bitten Sie um langsame und deutliche Nennung der Namen – eventuell mit der Entschuldigung, dass Sie ein schlechtes Namensgedächtnis haben. Das braucht Ihnen nicht peinlich zu sein: Jeder fühlt sich geschmeichelt, wenn Sie Interesse an seinem Namen zeigen und ihn bei der nächsten Gelegenheit wieder mit Namen anreden.

Wenn Sie den Namen gehört und verstanden haben, sollten Sie ihn sofort wiederholen: „Guten Tag, Herr Ummendorfer, freut mich, Sie kennen zu lernen". In diesem Augenblick stellen Sie sich vor, wie Herr Ummendorfer mit seinen großen Füßen ums Dorf herumgeht. So fahren Sie fort, bis zur letzten Person. Wenn Sie später alle (oder fast alle) Namen wiederholen können, ist das Erstaunen der Anwesenden groß. Sagen Sie: „Na ja, mal sehen, ob ich Ihren Namen in einer Stunde auch noch weiß." Verblüffen Sie Ihre Freunde, Kunden und Bekannten mit Ihrem grandiosen Namensgedächtnis!

Namen in Verbindung mit anderen Informationen merken

Sehr wichtig und nützlich kann es sein, sich im Zusammenhang mit Personen und ihren Namen auch an Vorgänge und Tatsachen zu erinnern, die mit ihnen zusammenhängen. Das gilt sowohl für den privaten als auch für den beruflichen Bereich. Vorteilhaft ist es zu wissen, welche Waren eine bestimmte Person vertreibt, welchen Beruf oder Titel sie hat, was für Hobbys sie betreibt oder wo sie ihren letzten Urlaub verbracht hat. Solche Informationen bauen wir einfach in das bereits vorhandene Gesichter- und Namensbild mit ein.

Übung: Informationen bei Namen einbauen

Erinnern Sie sich noch an Herrn Turak? Nehmen wir an, er ist Arzt. Hängen Sie drei Dinge aneinander: Ersatzwort für den Namen – Gesichtsmerkmal – Beruf! Herr Turak macht eine Tour im Frack – eine Berg- oder Radtour – und hat ein Stethoskop entweder an der Brille baumeln oder kunstvoll um seine Haare gelegt.

Herr Hollberger handelt mit Lederwaren. Er steht auf dem Berg bei Frau Holle, hat eine Ledertasche in der Hand, die er öffnet und in die er es aus seiner Nase hineinschneien lässt.

Lachen Sie nicht! Sie werden sehr schnell merken, dass ganz normale, alltägliche Gedankenverbindungen längst nicht so einprägsam sind.

In der Büropraxis kann sich das Koppeln von Dreierketten als sehr nützlich erweisen; beispielsweise kann man bei Telefonaten den Namen des Sachbearbeiters, den Namen der Firma und das Produkt koppeln.

Herr Schneider aus der Firma „Akkumulatoren GmbH" ruft wegen Kupferdrahtbestellungen an.

Was fällt Ihnen dazu ein?

_____

Als geübter Gedächtniskünstler koppeln Sie sofort ein Bild von einem Schneider, der große Akkumulatoren einkleidet und sie mit Kupferdraht verschnürt.

Wenn Herr Schneider eine Woche später wieder bei Ihnen anruft, entsteht dieses Bild blitzartig in Ihrer Erinnerung, und Sie sagen: „Guten Tag, Herr Schneider, wie viel Kupferdraht darf es denn diesmal sein?"

Sollten Sie mehrere Schneiders in Ihrem Kundenkreis haben, so können Sie den Schneider, der die Akkumulatoren einkleidet, mit Hilfe Ihrer bildhaften Phantasie leicht von dem Schneider unterscheiden, der z. B. Kraftfahrzeuge einkleidet.

Und jetzt versuchen Sie es einmal ohne meine Hilfe!

Herr Müller – Firma Zeppelinbau – Rundfahrten

_____

_____

Namens- und Gesichtertraining

Herr Huber – Firma Tonstudio – Musikkassetten

_____

_____

Herr Bierbrauer – Firma Turbinenbau – Getriebe

_____

_____

Sie sind am Anfang Ihrer Möglichkeiten!

Nach der Durcharbeitung des Buches sollten Sie nicht denken, dass Sie am Ende des Trainings sind. Das Gegenteil ist der Fall: Sie sind am Anfang der Neuentdeckung Ihrer kreativen Möglichkeiten! Üben Sie einfach weiter und suchen Sie für Ihre eigenen Anwendungen passende Praxisbeispiele.

Bei Beispielen aus der Praxis ist es sehr wichtig, Phantasie und Realität gut zu unterscheiden. Sicherheit gewinnen Sie, wenn Sie immer von der Realität ausgehen. Danach wird es erst gelingen, die Realität so zu verändern, zu gestalten und umzuformen, wie wir sie in unseren Träumen gerne hätten!

Da unser heutiges Potenzial noch steigerbar ist, möchte ich Ihnen als fernes Zielbild die Geschichte des Gelehrten Rabbi Maimon erklären:

Maimonides verfügte über ein ausgezeichnetes Gedächtnis und war sehr begabt: Bereits mit 20 Jahren machte er sich mit verschiedenen Wissenschaften vertraut. Er besaß ein photographisches Gedächtnis, d. h. er musste ein Buch nur einmal durchlesen und hatte sich den Inhalt eingeprägt. Tiefere Erkenntnisse und Weisheiten erfasste er intuitiv und visualisierte sie. Die Phantasie war für ihn das „Mittel zum Zweck" und nach seiner Auffassung eine eigenständige seelische Eigenschaft, die er sich nutzbar machte.

(Frei erzählt nach Abraham Heschel, Maimonides)

Literaturhinweise

Bach, R.: Die Möwe Jonathan. Berlin, 1972

Birkenbihl, Vera F.: Stroh im Kopf? Offenbach, 31. Auflage 1997

Carnegie, D.: Sorge Dich nicht, lebe! München/Wien, 1949

Dethlefsen, T.: Schicksal als Chance. München, 1997

Dietrich, Veit-Jakobus: Johann Amos Comenius – Biographie. Reinbek, 1991

Drucker, Peter: Neue Realitäten. Wertewandel in Politik, Wirtschaft und Gesellschaft. Düsseldorf, 1989

Fribe, M.: Das Alpha-Training, Zürich, 1986

Fuchs, Helmut/Graichen Winfried U.: Bessere Lernmethoden. München, 1994

Furst, Lotte/Dr. Furst, Bruno: Der Weg zum guten Gedächtnis. Hannover, 1939

Gawain, S.: Stell Dir vor. Basel, 1984

Geisselhart, Roland R.: Vokabeln lernen wie im Schlaf. München, 1989 (vergriffen)

Geisselhart, Roland R./Burkart, Christiane: 30 Minuten für beruflichen Erfolg mit dem Power-Gedächtnis. Offenbach, 1999

Geisselhart, Roland R./Burkart, Christiane: Gedächtnis-Power. Offenbach, 1997

Geisselhart, Roland R./Burkart, Christiane: Gedächtnis ohne Grenzen. Zürich, 1997

Geisselhart, Roland R./Burkart, Christiane: Werden Sie ein Genie. Zürich, 1995

Geisselhart, Roland R./Burkart, Christiane/Geisselhart, Oliver: Gedächtnis-Power für Verkäufer. Zürich, 1999

Geisselhart, Roland R./Haussman, Bernd: Namen und Gesichter. Think – Mit Gedanken spielen. Ravensburg, 1998

Geisselhart, Roland R./Zerbst, Marion: Das perfekte Gedächtnis. Zürich, 1989

Gawain, Shakti: Stell dir vor. Kreativ visualisieren. Reinbek, 1986

Haich, E.: Einweihung, Ergolding, 1985

Haussmann, Bernd/Geisselhart, Roland R.: Mega Memory. Think-Spiel. Ravensburg, 1997

Heschel, Abraham J.: Maimonides. Eine Biographie. Berlin, 1992

Kirschner, Josef: So plant man sein Leben richtig. München, 1987

Kobjoll, K.: Begeisterung ist übertragbar. Zürich, 1993

Kummer, P.: Ich will, ich kann, ich werde. München, 1994

Meister Vitale, Barbara: Lernen kann phantastisch sein. Offenbach, 1996

Manager Magazin, 10/1996, Hamburg

Mulford, P.: Die Möglichkeit des Unmöglichen. Berlin, 1972

Silva, J.: Die Silva-Mind-Methode. München, 1988

Spalding, B.: Leben und Lehre der Meister aus dem fernen Osten, Band 1 – 5. Hammelburg, 1961

Spitzbart, M.: 3 Säulen für Ihre Leistungsfähigkeit. Nürnberg, 1999

Psychologie Heute, 10/1983, Weinheim

Vester, Frederic: Neuland des Denkens. München, 1984

Markham, Ursula: Visualisieren. Braunschweig, 1992

Savant, Mariliyn vos/Fleischer, Leonore: Brain Building. Reinbek, 1994

Stuttgarter Zeitung vom 18.09.1996

White Eagle: Lesebuch White Eagle. München, 1994

Yogananda, P.: Autobiographie eines Yogi. Baden-Baden, 1979

Leser-Service

Wenn Sie weitere Fragen haben, schreiben Sie uns bitte:

Roland Geisselhart-Team
Leser-Service
Postfach 29 04
88048 Friedrichshafen

Neuerungen finden Sie unter:
www.geisselhart.com

Auf Anfrage erhalten Sie Adressen von Seminar-Veranstaltern in der Nähe Ihres Wohnortes, um Ihr Training noch leichter zu vollenden.

Schnell nachschlagen

Schnell nachschlagen